Philipp Jacob Spener

Umkehr in die Zukunft

Reformprogramm des Pietismus – Pia desideria

In neuer Bearbeitung von
Erich Beyreuther

BRUNNEN VERLAG · GIESSEN/BASEL

Die THEOLOGISCHE VERLAGSGEMEINSCHAFT (TVG) ist eine Arbeitsgemeinschaft der Verlage Brunnen Gießen und R. Brockhaus Wuppertal. Sie hat das Ziel, schriftgemäße theologische Arbeiten zu veröffentlichen.

CIP-Kurztitelaufnahme der Deutschen Bibliothek

Spener, Philipp Jacob:
Umkehr in die Zukunft: Reformprogramm d. Pietismus – Pia desideria / Philipp Jacob Spener. In neuer Bearb. von Erich Beyreuther. – 3. Aufl. – Giessen; Basel: Brunnen-Verlag, 1983.
ISBN 3-7655-9506-3
NE: Beyreuther, Erich [Bearb.]

3. Auflage 1983

Umschlag: Martin Künkler
Gesamtherstellung: St.-Johannis-Druckerei, Lahr

Inhalt

Vorwort

Die Christenheit Europas war zutiefst verunsichert und erschöpft, als Philipp Jacob Spener vor dreihundert Jahren (1675) sein berühmtes Reformprogramm herausbrachte.
Es hat die damalige Situation, die der unsrigen in mancher Beziehung gleicht, nicht verharmlost. Doch das lebendige Wort, aus der Schrift geschöpft als die Stimme dessen, der für ihn und uns das ganze Evangelium beschließt, richtete die Blicke vorwärts. Aus diesem Geist wurde der gemeinsame Ausgangspunkt der großen Bewegung des Pietismus in klassischer Form festgelegt.
Und doch gehört Philipp Jacob Spener mit dem, was er ausgesprochen hat und das in seiner Bedeutung den 95 Thesen Martin Luthers nahesteht, nicht der Vergangenheit an.
Die entscheidenden Anliegen seiner Schrift umschließen im wesentlichen die Fragen, die heute, wenn auch in gewandelter Form, doch mit gleicher Eindringlichkeit an Kirche und Pietismus gerichtet werden.
In dieser Überzeugung legen wir die PIA DESIDERIA in neuer Bearbeitung wieder vor.

München 1975 Erich Beyreuther

Wer ist Philipp Jacob Spener?

Er wird mit Recht der Vater des Pietismus genannt. Denn er hat dieser spontan aufbrechenden Bewegung, ehe sie sich zersplittern konnte, die klaren Richtsätze gegeben. Nach ihnen richtete sich dieser junge und stürmische Aufbruch aus und konnte für die ganze evangelische Christenheit eine bis heute noch nicht aufgebrauchte Bedeutung erlangen.

Philipp Jacob Spener entstammte einer frommen Juristenfamilie. Er wurde am 13. Januar 1635 in Rappoltsweiler im Elsaß geboren. Gestorben ist er am 5. Februar 1705 in Berlin.
Die wichtigsten Stationen seines Lebens sind schnell aufgezählt. Drei Jahre war er als Freiprediger am Straßburger Münster tätig; zwanzig Jahre Pfarrer an der Barfüßerkirche zu Frankfurt am Main und zugleich Senior; fünf Jahre lang Oberhofprediger an der Schloßkapelle in Dresden und zuletzt vierzehn Jahre Pfarrer und Propst zu St. Nicolai in Berlin.
Zweiundvierzig Jahre lang hat er ununterbrochen auf der Kanzel gestanden und leitende Funktionen ausgeübt.
Von Haus aus hatte er wohl mehr Neigung zum stillen Gelehrtentum. Bereits mit sechzehn Jahren begann er sein Studium an der Heimatuniversität zu Straßburg. Den Hochbegabten begeisterte vor allem die Geschichtswissenschaft, und es stand nichts Ernstliches im Wege für eine glänzende wissenschaftliche Laufbahn.
In der Wappenkunde (Heraldik) galt er früh als eine anerkannte internationale Autorität. Dieser Wissenschaft verdankt er zugleich seine weitreichenden Beziehungen zu der in Alteuropa noch tonangebenden Adelswelt.
Doch der Zug zur Theologie wurde bei ihm immer stärker. In seiner Kindheit und Jugend ist er mit den Erbauungsbüchern, die damals in ganz Deutschland eine aufmerksame und dankbare Lesergemeinde in Stadt und Land fanden, aufgewachsen. Vor allem Johann Arnds „Wahres Christentum" und die in deutschen Übersetzungen zugänglichen englischen Erbauungsschriftsteller lernte er neben Bibel und Katechismus früh kennen und lieben. Zur „Gottesgelehrsamkeit" trieb ihn sein Herz.
In Straßburg begegnete er, und das war wohl mit entscheidend, Professoren der Theologie, die nicht nur Leuchten ihrer Wissenschaft darstellten. Sie strahlten durch ihre tiefe Frömmigkeit und

ihren großen Gewissensernst einen starken Einfluß weit über ihre Universität auf alle evangelischen Kreise aus.
Es waren Männer, die sich für die ganze evangelische Christenheit verantwortlich wußten und angesichts vieler betrüblicher Zeitumstände nach dem Dreißigjährigen Krieg ihre warnenden, ja prophetischen Stimmen erhoben.
Der Kundige stößt in den Schriften Speners auf diese Einflüsse. Und doch ist Philipp Jacob Spener, diese stille, milde und zarte Gestalt, über seine bedeutenden und geliebten Lehrer durch eine ganz besondere Tat hinausgewachsen, die ihn auf einmal in die Mitte einer neuen gesegneten Bewegung stellte.

Eine kleine Reformschrift und eine große Auswirkung

Ob Spener wirklich gewußt hat, was seine Schrift PIA DESIDERIA für einen Sturm in Deutschland erregen wird, als er sie auf der Höhe seines Schaffens, mit vierzig Jahren, 1675 in Frankfurt am Main schrieb?
Wohl konnte er auf eine fast zehnjährige weitgespannte pfarramtliche Tätigkeit und kirchenleitende Position in dieser stolzen und unabhängigen Reichsstadt zurückblicken. Er war kein Neuling in diesem Dienst. Daß er diese Schrift mit einem zagenden Herzen schrieb, lag mit an seiner zurückhaltenden, fast ängstlichen Natur. Damit verband sich eine echte Bescheidenheit, wie sie reifen und hochbegabten Persönlichkeiten wohl zu eigen ist, die sich mit jedem Satz und Wort vor ihrem Gott verantwortlich wissen.
Diese Schrift wäre wohl kaum ans Licht der Öffentlichkeit getreten, wenn sie nicht ein Frankfurter Verleger als Vorwort zu einer Neuherausgabe der „Postille" Johann Arnds von ihm erbeten hätte.
Es war ein Glück, daß Spener keine lange Zeit für die Abfassung zur Verfügung stand. Er mußte die Schrift in einem Zug niederschreiben. Sie konnte gar nicht langatmig werden und erscheint so wie aus einem Guß.
Dabei hat es Spener nicht unterlassen, seinen Amtskollegen diesen Entwurf Wort für Wort vorzulesen. Und er hat auf ihre Gedanken und Wünsche ernsthaft gehört und ist auch auf sie eingegangen. So wurde diese Schrift praktisch zu einem Votum der lutherischen Kirche in einer der bedeutendsten Städte Deutschlands.
Und doch blieb der Stoff sein eigenstes Werk. Er wußte schon, was er wollte, so bescheiden er alles vortrug. Ihn trieb eine tiefe Sorge um die ganze Christenheit. Sein überaus zartes Gewissen

erkannte, in welche gefahrdrohende Glaubenskrise Europa damals hineintrieb. Unzählige fanden sich nicht mehr in ihrem christlichen Glauben zurecht. Spener war hellwach, weil der persönliche, in den Tiefen seines Herzens verankerte Glaube bei ihm die „Direktion des ganzen Menschen“ besaß.

„Unbetrügliche innere Maßstäbe für das Echte und Unechte, das Lebendige und das Leere, das Wichtige und Unwichtige“ wuchsen ihm zu, um „die kranken Züge an Theologie und Kirche des Luthertums zu erkennen“, und sein Gewissen drängte ihn, in die Bresche zu springen. Ihm standen immer die Menschen vor Augen, die eine neue Gewißheit ihres christlichen Glaubens suchten, wie sie die herkömmliche Theologie und das kirchliche Leben in teils abgestandenen alten Formen nicht liefern konnte.

In einer Zeit, in der man auf Erfahrung und auf die Vergewisserung durch das Experiment drängte und alle tradierten Wahrheiten zu hinterfragen suchte, wies Spener unermüdlich auf Johannes 7, 14 hin: „Wer da will des Willen tun, der mich gesandt hat, der wird innewerden, ob meine Lehre von Gott sei oder ob ich von mir selbst rede.“

Dieses Herrenwort, das Mut macht, experimentell den Glauben und die Verheißungen Jesu auszuprobieren, ob sie tragfähig sind, hat Spener und nach ihm der Pietismus unaufhörlich variiert. Realist ist, wer mit Gott rechnet! Nicht von ungefähr ist Spener zum großen Seelsorger Ungezählter in ganz Deutschland geworden. Der Glaube lebt nicht von Erfahrungen, aber er macht Erfahrungen!

Diesen unmittelbaren Bezug auf das Wort aus Johannes 7, 14 finden wir nicht wortwörtlich in dieser Reformschrift, doch steht er mit dahinter. Das ist die Bedeutung der Pia desideria. Sie zeigt dem Menschen von damals in einer neuen Bewußtseinslage, bedrängt von der anhebenden Naturwissenschaft und ihren Fragen, wie man Gewißheit erlangen kann. Zugleich wird Spener, der das Ohr modern fühlender Menschen erreicht, zur prägenden und zügelnden Gestalt der neuen, noch revolutionär erregten Bewegung des Pietismus, der stärksten religiösen Reformbewegung des Protestantismus nach der Reformation.

Ihr lieferte er die entscheidenden Grundsätze, bestimmte ihren Einsatz. Dabei blieb er aber ein im Glauben der Väter tief verwurzelter und mit Luthers Schriften eng verbundener Theologe. Das sei an dieser Stelle noch einmal gesagt, weil die Forschung bisher nie die rechte Sicht dafür hatte. Einer angefochtenen Generation, aus der sich weithin auch der Pietismus rekrutierte, zeigte Spener, wie man den „alten“ Glauben in „neuer“ Weise echt ergreifen und praktizieren kann.

Spener hoffte auf ein bescheidenes Echo und erntete einen ungeheuren Widerhall aus allen Kirchen, aber später auch erbitterten Widerstand. Doch feststeht, daß mit dieser Reformschrift ein neues Blatt in der Geschichte der Christenheit aufgeschlagen und beschrieben worden ist.

Die herrliche Zukunft der Gemeinde Jesu

Das ist ein entscheidender Grundton dieser Reformschrift. Spener hat der bangen Frage einer damals verunsicherten Theologie und Kirche: „Ob Christus, wenn er auf Erden wiederkommen wird, noch Glauben finden werde", die herausfordernde Antwort von der „Hoffnung zukünftig besserer Zeiten" entgegengestellt. Zu klar sah er, daß man damals diesen Pessimismus einfach nicht mehr ertragen konnte. Er hat den Enttäuschten, Entmutigten, Verstimmten, von der Kirche Gekränkten zugerufen, daß es sich lohnt, für die Christenheit einzutreten und in ihrem Dienst zu bleiben. Sie hat die Zukunft.
Ungezählte brachte er zum Aufhorchen, als er aus dem Neuen Testament der Kirche eine herrliche Zukunft voraussagte. Sie wird nicht zerfallen, und die Pforten der Hölle werden sie nicht überwinden. Im Gegenteil, die großen und herrlichen Verheißungen stehen noch aus. Nach Römer 9—11 wird das jüdische Volk, wenigstens ein sehr großer Teil, sich wieder zur Kirche Jesu Christi wenden. Die katholische Kirche wird sich entscheidend wandeln. Die Christenheit wird zusammenwachsen. Der christliche Glaube wird sich auf der ganzen Erde ausbreiten. Das alles wird in der Kraft des Herrn geschehen. Damit wird sich das innere Antlitz der jetzt so armseligen und hilflosen Kirche umgestalten und sich vieles erfüllen, was die ernsten und aufrichtigen Gläubigen immer ersehnt und erbeten haben.
Gewiß wird die Kirche auf der Erde nicht die Kreuzesgestalt verlieren, doch wandert sie mit Freuden der Wiederkunft Jesu Christi entgegen. Und auf diesem Weg wird sie keinen Mangel an Mut und Gewißheit haben.
Es lohnt sich! Die Zukunft ist nahe! Man begann mit ganz anderen Augen die Offenbarung zu lesen, vor der man bisher fast nur mit Scheu gesprochen hatte. Tatsächlich, auf weite Kreise in der Kirche haben sich damals Speners begeisternde Perspektiven übertragen.
Es sammelten sich hin und her in allen evangelischen Kirchen Männer und Frauen, die nun wirklich das allgemeine Priestertum aller Gläubigen zu praktizieren suchten.

Die Werke der Äußeren Mission, der Judenmission, der ersten freien Liebesarbeit, die nun im Pietismus aufblühten, konnten sich auf die opferbereite Hingabe von Laien, selbst der Adel blieb davon nicht unberührt, stützen, die durch Speners Weckruf lebendig geworden waren.
So wurde durch Speners Reformschrift auch die radikale Kirchenkritik der Separatisten und Spiritualisten in Deutschland aufgefangen. In diesen Kreisen, die viel Zulauf von Enttäuschten und Verstimmten zu verzeichnen hatten, sprach man von der evangelischen Kirche nur noch als von einem hoffnungslosen Fall. Doch das Bild der zukünftigen Kirche, wie es Spener bereits in seiner Reformschrift zeichnete, entwaffnete diese im Verborgenen sehr einflußreichen kritischen Geister, die bereits in ihren versteckten Zirkeln begonnen hatten, eine separatistische Geheimkirche aufzubauen.

Ausübung des allgemeinen Priestertums aller Gläubigen in lebendigen Gemeinden

Das eine bedingt das andere. Das heutige Gemeindebild der protestantischen, aber auch zunehmend der katholischen Kirche, ist tiefgehend von Spener bestimmt. Es wirkt sich jetzt auch, wenn wir es richtig sehen, in den Ostkirchen aus.
In seiner Reformschrift erneuerte Spener die Forderung einer lebendigen Gemeinde, die das Bild der neutestamentlichen Gemeinde nicht mehr aus den Augen verliert. Was der volkskirchlichen Gemeinde seinerzeit fehlte, die bruderschaftliche Verbundenheit ihrer Glieder, ließ ihn nicht mehr ruhig bleiben. Spener forderte die Umgestaltung unserer Gemeinden zu einer „familia Dei", deren innerster Kern aus Kreisen bestehen sollte, die sich um die Schrift versammeln, sich innerlich weiterhelfen und zum Dienst am Bruder rüsten lassen. Dabei wollte Spener keineswegs die törichte Selbstisolierung frommer und selbstgenügsamer Zirkel. Die Auferbauung sollte nicht einem Selbstgenuß, auch keinem frommen, frönen.
Für die große und weite Kirche, die Spener liebte und der er seine Lebensarbeit zur Verfügung gestellt hatte, sollte dieser bruderschaftliche Aufbruch zum Segen werden.
In einer neuen Arbeitsgemeinschaft zwischen Theologen und Laien sollten die Amtsträger aus ihrer Isolierung befreit werden und die Laien die Wegweisung für ihren Einsatz „im Reich Gottes" empfangen. Aufeinander angewiesen in gegenseitiger Handreichung sollte etwas Neues in der Kirche wachsen.

Es ist die Kirche des dritten Glaubensartikels, die Kirche als Leib Christi mit ihren vielen Gliedern, die hier erfahren wurde.
Unbestreitbar liegt die Gefahr nahe, daß bei dem Bild vom Leib Jesu Christi die Betonung nicht so sehr auf dem Haupt, sondern auf den Gliedern liegt. Man meint dann, die Lebendigkeit der Kirche hänge im wesentlichen von der Lebendigkeit ihrer Glieder ab und nicht so sehr von ihrem lebendigen Herrn und Haupt. Doch wer will die Lebendigkeit des Hauptes und die Lebendigkeit der Glieder gegeneinander ausspielen? Geraten wir dann nicht in einen Zirkelschluß?
Glaube entsteht nicht aus eigener Kraft noch Vernunft. Er ist und bleibt ein Geschenk, das nur der Glaubende empfängt!

Wiedergeburt, doch keine Weltflucht

Man hat Spener in seiner Reformschrift „Weltflucht" angekreidet. Im Pietismus hat sie sich manchmal, nicht bei Spener selbst, finster und sehr gesetzlich geäußert.
Bei Spener stand jene biblische Illusionslosigkeit über das Wesen der vergehenden Welt dahinter, an die sich Christen nicht naiv verlieren können, ohne innerlich Schaden zu nehmen.
Gott fordert die ganze und ungeteilte Hingabe seiner Nachfolger. Wo sie eine geschenkte Wirklichkeit wird, fehlt die dankbare Freude an all den guten Schöpfungsgaben nicht. Doch sie vermögen nicht mehr die Sinne zu verzaubern und die richtigen Maßstäbe zu verwirren.
Ferner hat man Spener vorgeworfen, er spreche zuviel von der neuen Lehre, von der „Wiedergeburt", von dem, was in einem Christenleben neu werden soll und darf, und er überschätze das alles.
Spener wußte, daß die Vergebung ohne Bedingungen geschenkt wird, aber er wußte auch andererseits, wie bruchstückhaft alles neue Leben ist, das aus dem Glauben hervorbricht. Er wollte nicht verdunkelt wissen, was Paulus sagt:
„Nicht, daß ich's schon ergriffen habe oder schon vollkommen sei. Ich jage ihm aber nach, ob ich's auch ergreifen möchte, nachdem ich von Christo Jesu ergriffen bin." Billiger geht es nicht.
Weil das dem Christenstand nach dem Neuen Testament entspricht, daß der Glaube in der Liebe tätig ist, richtete Spener in seiner Reformschrift den Blick auf die alte Kirche. Hier fand er, ohne ihr Bild kritiklos zu verherrlichen und die Schatten zu leugnen, jene Liebesglut, die das ganze Leben für Christus einsetzte und

ihm auslieferte. Hier geschahen zeichenhaft die Taten, die der Christenheit für alle Zeiten geboten sind. Sie leuchten noch heute als hellodernde Flamme. Als großes Beispiel, nicht als geschichtliche Wiederholung in der Zukunft, wollte er die alte Christenheit ansehen.

Darüber hinaus hat man Spener vorgeworfen, er spreche zuviel von der „christlichen Vollkommenheit", von dem neuen Menschen nach dem Bilde Christi. Doch steht er hier Martin Luther nicht fern. Denn der Reformator forderte unermüdlich den täglichen harten Kampf gegen den alten Adam. Wenn er sich auch heftig sträubt, die alte Haut muß ihm immer wieder abgezogen werden, damit der neue Mensch sichtbar werden kann.

Bei aller bleibenden Verhaftung, auch des neuen Menschen, des Gläubigen an die Erbsünde, an ganz konkrete Gebundenheiten in Trotz und Ungehorsam, werden herrliche Siege geschenkt, Fesseln gelöst und Ströme lebendigen Wassers erschlossen.

Gewiß werden der Christenheit immer neue Erfahrungen und Einsichten geschenkt. Wer aber zu hören versteht, empfindet die Eindringlichkeit der Spenerschen Bußpredigt. Sicherlich ist Zeitbedingtes bei Spener zu finden. Wichtiger jedoch ist, daß wir seinen berechtigten Fragen standhalten, mit denen er uns in unserem Gewissen und in unserer ganzen christlichen Existenz trifft. Sie sind von letzter Unerbittlichkeit, auch dort, wo unser Blick auf den heutigen Zustand der ganzen Christenheit fällt. Es sind Wegweisungen und Hilfen, die uns froh und frei und unverzagt im Dienst und in unserem eigenen Leben machen können.

Ein Wort über die Neuherausgabe der PIA DESIDERIA

Die vorliegende Ausgabe bietet den Text eines Druckes aus dem Jahr 1675. Er war uns in einem Exemplar der Universität Erlangen zugänglich und stellt ohne Zweifel den Normaltext dar. Die kleinen Varianten der früheren und späteren Ausgaben aus Speners Hand haben wir dabei nicht berücksichtigt.
Wir haben uns um eine leichte Lesbarkeit des Textes bemüht und so weit wie möglich Speners Spracheigentümlichkeiten nicht durch Glättung verschwinden lassen, damit er in seiner Sprache gehört wird. An gewissen Stellen haben wir gekürzt. Die Kürzungen betreffen unwesentliche Stellen und Wiederholungen oder Belege, die entbehrlich sind.
In den Text haben wir eigene Zwischenüberschriften eingeschaltet, die nicht von Philipp Jacob Spener stammen. Sie dienen der leichteren Orientierung, wenn z. B. Speners Ansichten zu bestimmten Fragen gesucht werden. Sie sind nur Vorschläge, Versuche und wollen nicht als mehr angesehen werden.
Die Sternchen (*) kündigen die nachfolgenden Kürzungen an.

I. Speners Vorrede

PIA DESIDERIA
oder herzliches Verlangen
nach gottgefälliger Besserung
der wahren Evangelischen Kirchen
samt einigen dahin einfältig abzweckenden
christlichen Vorschlägen
PHILIPP JACOB SPENERS D.
Predigers und Seniors zu Frankfurt am Main
Frankfurt am Main
In Verlegung
Johann David Zunners
Gedruckt bei Johann Diederich Fritgen
M DC LXXVI

Der gesamten Christ-Evangelischen Kirche
treuen Vorstehern und Hirten,
meinen in Christo Jesu, unserem Erzhirten
treugeliebten und hochgeehrten Vätern und Brüdern
wünsche von dem Vater des Lichts und Geber alles Guten

erleuchtete Augen des Verstandes zu erkennen, welches da sei die Hoffnung unsers Berufs und welcher sei der Reichtum seines herrlichen Erbes an seinen Heiligen und welches da sei die überschwängliche Größe seiner Kraft in uns, die wir glauben nach der Wirkung seiner mächtigen Stärke,

Fleiß und Eifer, wacker zu sein und zu stärken, das andere, das sterben will:

Kraft und Mut, durch die Waffen unserer Ritterschaft, die nicht fleischlich sind, sondern mächtig für Gott, zu zerstören die Befestigungen, zu zerstören die Anschläge und alle Höhe, die sich erhebt wider die Erkenntnis Gottes und gefangen nehmen alle Vernunft unter den Gehorsam Christi, auch bereit zu sein, zu rächen allen Ungehorsam, wenn der Gläubigen Gehorsam erfüllt ist:

Segen und Fortgang, mit Freuden wahrzunehmen, wie das Wort, so aus dem Munde Gottes geht als der Regen und Schnee, so vom Himmel fällt, nicht wieder zu ihm leer komme, sondern tue, was ihm gefällt und ihm gelinge, wozu es gesendet wird und zu sehen, wie die durch ihren Dienst gebaute Erde zum ersten das Gras, nachher die Ähren, darnach den vollen Weizen in den Ähren;

Völlige Vergnügung in Erkenntnis, wie göttlicher Name durch ihren Dienst geheiligt, sein Reich erweitert und sein Wille vollbracht werde, zu seinen heiligsten Ehren, vieler Seelen Heil, ihres eigenen Gewissens Beruhigung und dermaleinst ewiger Herrlichkeit.

In dem geliebtesten [Herrn] geliebte Väter und Brüder!

Der äußere Anlaß

Vor einem halben Jahr wurde von dem Verleger der neuaufgelegten Postille Johann Arnds an mich das Ansinnen gestellt, diesem lieben Werk eine Vorrede voranzusetzen. In der Enge der dazu vergönnten Zeit habe ich es gewagt, in diese Vorrede das meiste einzutragen, was mich — seit der Zeit, da ich durch Gottes Wille und Gnade in seinem Weinberg arbeite — öfters herzlich betrübt, das Gewissen beschwert und viele Sorgen gemacht hat. Ich weiß, daß noch unzählig viele vorhanden sind, die mit das Gleiche bejammern und oft einer dem anderen diese wehmütigen Klagen ausschüttet.

Die Sorge um die Christenheit

Das Elend, das wir beklagen, liegt vor Augen. Niemand ist verwehrt, seine Tränen darüber nicht nur im geheimen zu vergießen, sondern sie auch an den Orten zu zeigen, wo sie andere sehen und so zum Mitleiden und zum Mitraten bewogen werden. Wo man Not und Krankheit sieht, ist es natürlich, daß man sich um Heilmittel umtut. Daher liegt allen ob, in der Not und Krankheit des so edlen Leibes Christi [erg.: seiner Christenheit auf Erden] dafür zu sorgen, wie tüchtige Arznei zu seiner Heilung möge gefunden und angewendet werden. Denn er ist unserer Sorge, in gewissen Stücken jedem einzelnen, aber auch allen samt und sonders insgemein anvertraut. Ja, an ihm müssen wir alle Glieder sein und haben deshalb sein Gebrechen keineswegs als fremd zu achten.

Einst Aufgabe der Konzilien

Vorzeiten war das kräftigste Mittel, daß die vornehmsten Vorsteher der Kirchen und Abgeordnete aller namhaften particular Kirchen [= Einzel- bzw. Landeskirchen] in Konzilien zusammen kamen und über den gemeinsamen Schaden ratschlagten. Wollte Gott, wir wären imstande, daß wir solches jetzt hoffen könnten, daß es auf fruchtbare Weise geschehe. Wollten wir aber darauf warten, so werden wir über unseren Wünschen sterben und die Besserung immer aufs Ungewisse verschieben, was nicht zu verantworten ist.

Eine offene Frage

Überlegt es, ob es nicht ein in dieser Zeit zulängliches Mittel sei, daß in Ermanglung jener Zusammenkünfte christliche Prediger untereinander ihre Gedanken in der Furcht des Herrn kundwerden lassen. Das kann geschehen durch Schreiben unter sich. Damit könnte man auch denen, die sich das Werk des Herrn angelegen sein lassen, dies zur Unterrichtung und zum eigenen Nachdenken im öffentlichen Druck zugänglich machen, damit diese wichtigen

Sachen miteinander überlegt und reiflich erwogen werden können, was etwa der Gemeinde Gottes dienlich sei.

Ich bin nicht der erste

Andere christeifrige Theologen haben hin und wieder in ihren öffentlichen Schriften längst hiervon den Anfang gemacht. Ich bin also nicht der erste, welcher solches Verlangen öffentlich bezeugt oder dazu Vorschläge getan hat. Ich hätte zwar billig Bedenken tragen sollen, mit meinen einfältigen Gedanken auszubrechen, wenn es im Reich des Herrn so ginge wie in der Welt, wo die Voten etwa nach Rangordnung und Würde der Persönlichkeiten gegeben werden müßten. Denn in dieser Hinsicht erkenne ich mich billig, unter den letzten zu sein. In christlichen Kirchen ist auf solches eben nicht zu achten. Anderseits ist sogar in der Welt in einigen Versammlungen aus wichtigen Ursachen eingeführt worden, daß die Ordnung der Stimmabgabe von unten anfange. Ohne sie zu beeinflussen, können sie mit Freiheit ihre Herzensmeinung aussprechen. Dabei bleibt den Oberen ihre Würde, reiflich nachzusinnen, was nach jenen Vorschlägen zu verbessern sei. Also habe ich dafür gehalten, es werde auch mir zu keiner Vermessenheit ausgedeutet werden, was ich (wie der Herzenskündiger dessen Zeuge ist) aus inniglicher Liebe zur Gemeinde Gottes und aus dem Verlangen, nichts auszulassen, was zur göttlichen Ehre dienen möchte, in solcher Vorrede ausgeschüttet habe.

Der anderen Rat habe ich nicht verachtet

Damit aber auch ich mir selbst nicht allein traute und etwa Dinge ans Tageslicht gebe, von denen die Kirche mehr Schaden als Nutzen hätte, so habe ich meinen vielgeliebten Kollegen und Amtsbrüdern hier (weil andere Kommunikation bei bevorstehender Messe nicht möglich war) meinen Aufsatz vorgelegt. Und da die Geister der Propheten den Propheten untertan sind, habe ich ihnen solchen nicht nur Wort zu Wort vorgelesen, sondern habe ich ihnen völlige Freiheit, die ihnen ohnehin gehört, gegeben, mich brüderlich zu erinnern, worinnen sie es nötig befinden. Wie sie nun das eine und das andere noch mit beigetragen haben, so zur Auferbauung dienlich ist, was ich auch willig eingefügt habe, so haben sie mich in dem übrigen stattlich bekräftigt. Sie haben alles, was darin enthalten war, genehmigt und herzlich gewünscht, daß Gott das Werk nicht ungesegnet lassen wolle. Daraufhin habe ich im Namen des Herrn solche Vorrede zum Druck gegeben.

Die Vorrede erscheint auch gesondert

Viele gute Gemüter haben sehr bald das Verlangen gehabt, daß diese Vorrede auch gesondert zu haben sei und also gedruckt werde.

Es ist einigen wegen des Preises zu schwer gefallen, die Postille Johann Arnds zu kaufen, andere besaßen schon eine frühere Ausgabe. Auch sind dem Verleger von anderen Orten Schreiben zugegangen, daß etliche gute Leute mit dem Gedanken umgehen, sie selbst auflegen zu lassen, weil sie diese nicht von ihm haben konnten. Als der Verleger darüber mit mir sprach, habe ich es für nicht undienlich gehalten, die Auflage sobald zu beschleunigen. Denn anderwärtige Nachdrucke sind nie ohne Gefahr vieler einschleichender Druckfehler (*).

Nur eine Absicht dabei

So gehen also hiermit diese Blätter wiederum, als das zweite Mal aus der Druckpresse ans Licht, in keiner anderen Absicht, daß nur jemand — und wo nicht viele, so doch etwa wenige — dadurch erbaut, ja wo nicht anders ausgerichtet, doch damit etwa andere erleuchtete und von Gott mehr begabte Männer nur aufgefrischt werden möchten, diese wichtigste Arbeit, wie die wahre Gottseligkeit zu befördern, mit Ernst vorzunehmen und eine Zeitlang solches ihre wichtigste Arbeit sein zu lassen. Sie mögen die heilsamen Mittel nach der Regel des göttlichen Wortes selbst ersinnen, untersuchen und über ihre Verwirklichung reiflich nachdenken.
Es hat vorweilen der selige D. Dorscheus als einen heilsamen Rat, die Orthodoxiam [Rechtgläubigkeit] zu erhalten, vorgeschlagen, daß unter den Doctoribus Academicis eine vertrauliche brüderliche Korrespondenz eingeführt und unterhalten würde, woraus nicht weniges zu erhoffen wäre. Solcher Vorschlag ist nützlich und gut und zur Erhaltung der reinen Lehre ersprießlich. Es wird dann nicht weniger nützlich sein, wo auch, was die Praxis und das Regiment der Kirchen betrifft, eben solche Korrespondenz unter den akademischen wie auch unter den in Kirchenämtern tätigen Lehrern gepflogen wird. Die Sache sollte dann teils mit privaten, teils mit öffentlichen Schriften weiterzubringen versucht werden.

Wir wollen der Christenheit Bestes suchen und unternehmen!

Nun lasset uns alle insgesamt dasjenige eifrig tun, wozu wir gesetzt sind, zu weiden die Gemeinde, die Gott durch sein eigen Blut und also aufs teuerste erworben hat!
Lasset uns gedenken, *geliebte Väter und Brüder*, was wir unserm Gott, als wir unseren Diensten gewidmet worden, versprochen haben und was darum unsere eigne Sorge sein müsse!
Lasset uns gedenken an die schwere Rechenschaft, die uns vor dem bevorsteht, der die in verschiedener Weise verwahrlosten Seelen von unseren Händen fordern wird.
Lasset uns gedenken, daß dermaleinst nicht gefragt werde, wie gelehrt wir gewesen und solches der Welt vorgelegt haben, in wel-

cher Gunst wir bei den Menschen gestanden und wie wir sie zu erhalten gewußt haben, in welchen Ehren wir geschwebt und großen Namen in der Welt hinterlassen, wie viel wir den Unsrigen Schätze von irdischen Gütern gesammelt und damit den Fluch auf uns gezogen haben, sondern wie getreu und mit einfältigem Herzen wir das Reich Gottes zu befördern trachteten. Laßt uns gedenken, ob wir mit reiner und gottseliger Lehre, als würdiges Beispiel in Verschmähung der Welt, in Verleugnung unseres Selbst, in Aufnehmung des Kreuzes und Nachfolge unseres Heilandes wir unserer Zuhörer Erbauung gesucht, mit welchem Eifer wir uns nicht nur den Irrtümern, sondern auch gottlosem Leben widersetzt, mit welcher Beständigkeit und Freudigkeit wir die deshalb von der offenbar gottlosen Welt oder falschen Brüdern zugestoßene Verfolgung oder Ungemach getragen und unseren Gott in solchen Leiden gepriesen haben!

Lasset uns demnach dahin beflissen sein, daß wir die Mängel unserer und der übrigen Kirchen immer weiter untersuchen und die Krankheit kennen lernen, aber auch die Mittel unter eifriger Anrufung Gottes und seines Geistes Licht forschen und überlegen.

Aber lasset uns auch dabei nicht stehen bleiben, sondern was wir für nötig und nützlich befunden haben, nun auch danach trachten, wie jegliches bei seiner Gemeinde es mag ins Werk gesetzt werden. Denn wozu dient sonst alle Beratschlagung anders als zum Zeugnis über uns, wenn wir nicht begehren, dem Guten nachzuleben?

Müssen wir darüber vom Widriggesinnten etwas leiden, so lasset es uns ein so viel gewisseres Merkzeichen sein, daß unser Werk dem Herrn gefalle, weil er es auch zu solcher Probe kommen lässet und deswegen nicht müde werden oder von unserem Eifer nachlassen.

Lasset uns erstlich diejenigen am meisten befohlen sein, welche noch selbst willig sind, gern anzunehmen, was man zu ihrer Auferbauung tut. Jeglicher möge in seiner Gemeinde diese vor allem versorgen, daß sie mehr und mehr wachsen mögen zu dem Maß der Gottseligkeit, damit nachher ihr Beispiel auch anderen vorleuchte, bis wir auch diejenigen, bei denen es noch zur Zeit verloren scheint, durch göttliche Gnade allgemach näher herbeibringen, ob auch noch die endlich möchten gewonnen werden.

Mit Gott kein vergebliches Werk!

Wie dann alle meine Vorschläge noch fast einzig und allein dahin gehen, wie jenen Folgsamen erstlich möge geholfen und alles an ihnen getan werde, was zu ihrer Auferbauung nötig ist. Ist dieses geschehen und der Grund gelegt, so mag nachher der Ernst bei den Ungehorsamen mehr fruchten.

Lasset uns auch nicht gleich alle Hoffnung, Stecken und Stab fal-

len lassen, ehe wir das Werk angreifen oder wenn es nicht gleich anfangs den erwünschten Erfolg hat! Was bei Menschen unmöglich ist, bleibt bei Gott möglich! Gottes Stunde muß endlich kommen, wo wir ihrer nur warten! Müssen andere Frucht bringen *in Geduld*, so müssen wir auch unsere Früchte bringen und bei andern sie mit Geduld fördern.
Des Herrn Werk geht wunderlich, wie er selbst wunderbarlich ist. Aber deswegen geht's ganz verborgen, jedoch so viel gewisser, wo wir nicht nachlassen. Gibt dir dein Gott die Freude nicht, daß du sobald siehst den Nachdruck deiner Arbeit: Vielleicht will er es dir verbergen, daß du dich nicht dessen überhebst. Es steht Gras da, daß du meinst, es sei unfruchtbares Gras. Tust du aber mit dem Begießen das Deinige ferner, werden die Ähren gewiß endlich herauswachsen und zu seiner Zeit.
Lasset uns in solchem Fall die Arbeit fortsetzen, die Sache unserem Hausvater befehlen und ihn eifrig bitten und auch darin zufrieden sein, was er uns an Erfolg bei unserer Arbeit sehen lassen will. Also lasset uns dann alle mit herzlicher Andacht einander helfen, zu kämpfen mit Gebet und Flehen, daß uns Gott wolle hier und dort eine Tür des Wortes nach der andern auftun, fruchtbar zu reden das Geheimnis Christi, daß wir darin freudig handeln und reden wie es sich gebührt und seinen Namen mit Lehre, Leben und Leiden zu verherrlichen.
In Zusicherung solches meines armen aber inbrünstigen Gebetes und mit der Bitte und in der Hoffnung auf gleiche brüderliche Fürbitte, empfehle ich euch alle des großen Gottes treue Huld und Regierung.

Frankfurt am Main, den 8. September 1675

Philipp Jacob Spener D.

II. Die Zeichen der Zeit

Gnade, Licht und Heil von Gott, dem himmlischen Vater durch Christus Jesus in dem Heiligen Geist allen denen, die den Herrn suchen!

Die Zeichen der Zeit

Wo wir mit christlichen und nur etwas erleuchteten Augen (nach unseres Erlösers Vermahnung, die Zeichen der Zeit und ihre Beschaffenheit zu beurteilen) den jetzigen Zustand der gesamten Christenheit ansehen, so möchten wir billig mit Jeremias 9, V. 1 in das klägliche Wort ausbrechen: *Ach, daß wir Wassers genug hätten in unseren Häuptern und unsere Augen Tränenquellen wären, daß wir Tag und Nacht beweinen möchten den Jammer unsers Volkes* (*).

Ich will jetzt nicht reden von dem Elend der christlichen Kirchen, deren Glieder verborgen liegen unter dem babylonischen Gefängnis des unrichtig lehrenden antichristlichen Roms, auch nicht von denen unter der nicht so schweren türkischen Tyrannei, von den erschrecklichen Ärgernissen in den griechischen und morgenländischen Kirchen, wo sich unglaubliche Unwissenheit mit vielen Irrtümern vermengt oder von anderen vom Papsttum wohl abgetretenen aber unter irrigen Lehren lebenden oder zu der Reinigkeit der Lehre nicht gekommenen Gemeinden. Sie müssen dort in höchster Gefahr mit Furcht und Zittern ihre Seligkeit bewirken. An ihren Jammer kann von einer gottseligen Seele nicht ohne innerste Bewegung gedacht werden.

Sondern wir bleiben allein bei unseren evangelischen Kirchen, die das teure und reine Evangelium dem äußerlichen Bekennen nach annimmt, das durch das selige Rüstzeug Gottes *D. Luther* in dem vergangenen Jahrhundert wiederum deutlich gezeigt worden ist. In ihr müssen wir ja deswegen die wahre Kirche allein noch sichtbar erkennen. Wir können doch auch auf dieselbe die Augen nicht richten, ohne daß wir sie nicht bald aus Betrübnis und Scham wiederum niederschlagen müssen.

Gott bezeugt seinen Zorn

Denn sehen wir das Leibliche an, so müssen wir bekennen, daß von ziemlicher Zeit her die solcher Kirche angehörigen Reiche und Länder, wenn auch in unterschiedlichen Graden und zu unterschiedlichen Fristen, alle oft erfahren haben müssen die Plagen wie Pest, Hunger und sonderlich stetswährenden oder doch öfters wieder aufbrechenden Kriegen. Mit ihnen pflegt nach der Schrift der gerechte Gott seinen Zorn zu bezeugen und anzudeuten. Ich halte aber gleichwohl solche Trübsale für das geringste, ja für eine Wohltat, wodurch Gott noch viele der Seinen erhalten und dem Schaden etwas gewehrt hat, der durch leibliches Wohlergehen noch verzweifelter würde.

Aber wie zwar fleischlichen Augen unkenntlicher, aber hingegen unvergleichlich schwerer und gefährlicher ist *das geistliche Elend* unserer armen Kirchen. Und solches hat vornehmlich zwei Ursachen.

Die Bedrohung der evangelischen Christenheit

Die eine besteht in den *Verfolgungen*, welche die wahre Lehre sonderlich von dem antichristlichen Babel [= Rom] leiden muß. Nun liegt es zwar auf der Hand, daß die Verfolgungen nicht weniger ein herrliches Mittel sind, wodurch das Wachstum der Kirchen oft befördert wird. Also, daß wir die christliche Kirche nimmermehr von der Apostelzeit in besserem und von Gott herrlicherem Stande antreffen, als sie unter den grausamsten Verfolgungen gestanden, wo ihr Gold unaufhörlich in dem Schmelzofen gelegen, dessen Flamme keine Schlacken daran hat wachsen lassen oder dieselben bald verzehrt. Aber wir sehen zweierlei an den bisherigen Verfolgungen, die uns dieselben betrübter macht.

Groß Macht und viel List

Einmal, weil der Teufel erkannte, daß seine gewalttätigen und blutigen Verfolgungen nichts vermochten, sondern die Leute zu einer obwohl schrecklichen doch kürzeren Marter so freudig gewesen waren, daß sie mehr dazu geeilt als sich davon zurückgezogen haben.

Nunmehr ist er klüger geworden und hat eine andere Art von Verfolgung angefangen, die ganz allmählich die der wahren Religion Zugetanen von der erkannten Wahrheit abzuziehen sucht. Teils geschieht dies durch langwierige Drangsale und stets anhaltende Drohworte, teils durch Verheißungen und Bilder von der Herrlichkeit der Welt, teils durch Vertreibung der wahren [evangelischen] Lehrer, damit die Kinder und Nachkömmlinge wieder zur falschen Religion gebracht werden. Solche Art der Verfolgung, wie sie in der alten Kirche von dem heidnischen Kaiser Julian dem Abtrünnigen gebraucht worden ist und den Kirchen, obwohl weniger Blut vergossen worden ist, doch (wie Rufinus klar bezeugt) viel gefährlicher als die vorige gewesen ist. Also hat sie bis daher der römische Papst auch gegen uns zu gebrauchen mehr vorgezogen. Und dadurch wird mehr Schaden zugefügt als wo Feuer und Schwert in die Hand genommen werden.

Die stille Gegenreformation

Das andere ist, das aus dem vorigen folgt, daß dadurch das römische Papsttum unterschiedliche Reiche und Provinzen wiederum wirklich unter sich gebracht hat, die entweder ganz die Wahrheit der [evangelischen] Lehre erkannt oder doch in welchen viel Samen ausgestreut worden ist, so daß keine oder wenige Bekenner der evangelischen Wahrheit mehr in denselbigen sind. So trachtet es zu seinem Ziel zu gelangen, daß etwa das übrige allmählich abstirbt und der äußerliche Begriff der wahren Kirche [sein äußerer Lebensraum] immer enger gespannt, die eigen Grenzen aber weiter ausgebreitet werden. So ist das verhindert worden, was die früheren Verfolgungen allezeit bewirkt haben, daß die Christen sich vermehrt und deswegen das Blut der Märtyrer für den kräftigsten Dung derselben gehalten worden ist, so daß die Gläubigen, die vor der Welt zu unterliegen schienen, in dem allen gleichwohl weit überwunden und einen Sieg nach dem anderen davon getragen haben (Welches nach andern in seinem neulich hier gedruckten erbaulichen *Kreuz- und Geduld-Spiegel* Herr D.*Christian Korthold,* mein in dem Herrn vielgeehrter Freund, im 14. Kapitel aus der Kirchenhistorie klar kundtut) (*).

Die Versuchungen in den eigenen Reihen

Die andere und vornehmste Ursache des Jammers unserer Kirche ist, daß in derselben (ausgenommen, daß uns Gott noch nach seiner überschwenglichen Güte sein Wort und H. Sakrament gelassen hat) es fast an allen Orten mangelt. Wo ist ein Stand, den wir rühmen könnten so dazustehen, wie die christlichen Regeln erfordern?

Die christliche Obrigkeit

Sehen wir uns den *weltlichen Stand* [= Obrigkeit] an und in demselben diejenigen, die nach göttlicher Verheißung nach dem N. T. (Jes. 49, 23 vgl. 60, 16) *Pfleger und Säugammen der Kirchen* sein sollten: Ach wie wenig sind unter denselben, die sich erinnern, daß ihnen Gott ihre Zepter und Regimentsstäbe dazu gegeben und sich ihrer Gewalt zu seines Reiches Förderung bedienen? Leben nicht die allermeisten — auf die großen Herren gesehen — in den Sünden und Weltlüsten, die das Hofleben zumeist mit sich bringt und fast unzertrennlich damit geachtet wird? Andere Magistratspersonen suchen den eigenen Nutzen, daß man aus solchem Leben mit Seufzen folgern muß, daß nur wenige unter ihnen wissen, was das Christentum sei, geschweige, daß sie selbst solches an sich haben und üben sollten? Wie viele sind darunter, die sich durchaus nicht um das Geistliche kümmern, sondern mit jenem Gallion dafür halten, es gehe sie nichts anderes an als das Zeitliche? Auch unter denen, die sich noch der ersten Tafel [1.—3. Gebot] annehmen wollen und sich um der Kirche Wohl bemühen, sind viele, die nur die hergebrachte Religion zu erhalten und falsche abzuwehren suchen. Damit ist doch noch nicht alles geschehen! Ja, bei vielen ist zu befürchten, daß ihr noch bestehender Eifer für unsere Religion nicht aus der Liebe zur Wahrheit, sondern aus einem politischen Interesse herrührt! Wie undankbar sind viele gegenüber der großen Güte Gottes, die sie vor über 100 Jahren von dem harten Joch der päpstlichen Klerisey befreit hat, die die damals lebenden, auch die gekrönten Häupter, genug erfahren haben? Hat Gott nicht ihnen gezeigt, was sie sein sollen?
Mißbrauchen sie nicht jetzt ihre Gewalt, die ihnen zur Förderung, nicht zur Unterdrückung der Kirchen gegeben worden ist, durch eine unverantwortliche Caesaropapiam [Herrschaft des Kaisers über die Kirche]? Damit hindern sie mutwillig, wo etwa einige von Gott gerührte Diener der Kirchen etwas Gutes zu stiften meinen. Also das ist zu bejammern, daß in einigen Orten die Gemeinden besser geraten, die unter anderer [d. h. nicht evangelischer] Obrigkeit leben. Sie müssen wohl in mancher Beziehung viel leiden, aber doch

werden sie in der Übung dessen, was zur Erbauung dient, nicht eben ganz gehindert, jedenfalls da sie von einer Obrigkeit im eigenen Bekenntnis mehr Hindernis als Förderung haben würden.

Der Stand der Theologen

Wie es nun in dem weltlichen Stande betrübt genug aussieht, ach, so mögen wir Prediger in dem geistlichen Stande nicht leugnen, daß auch dieser Stand ganz verderbt sei. Aus diesen beiden führenden Ständen bricht das meiste Verderbnis unter den Gemeinden auf. Jener alte Kirchenvater hat vordem also zu folgern befohlen: Quemadmodum videns arborem foliis pallentibus, marcidam, intelligis, quod aliquam culpam habeat circa radicem: ita cum videris populum indisciplinatum, sine dubio cognosce, quod sacerdotium ejus non est sanctum: *Gleichwie, wo du einen Baum siehst, dessen Blätter bleich sind und er verdirbt, du daraus schließt, daß ein Mangel an der Wurzel sei: Also wo du siehst, daß ein Volk ohne Zucht ist, so schließe ohne Zweifel, daß es mangle an einer heiligen Priesterschaft.*

Ich erkenne gern unseres göttlichen Berufs Heiligkeit an. Ich weiß auch, daß Gott in unserem Orden die übrig behalten hat, die das Werk des Herrn mit Eifer meinen. Ich bin auch nicht von dem Gemüt, mit einem Elia Praetorio auf das Extreme auszugehen und Kind und Bad zusammen auszuschütten. Sondern der allsehende Herzenskündiger sieht, mit welcher Betrübnis meiner Seele ich oft hieran denke und jetzt dieses schreibe. Doch ich kann nichts anderes sagen, als daß wir Prediger in unserem Stande so viel an Reformation wie je ein Stand bedürfen. Denn Gott hat allgemein, wenn er eine Reformation vorgehabt hat, wie z. B. im A. T. durch gottselige Könige, sie bei dem geistlichen Stand anfangen lassen.

Ich klage mich auch an

Ich nehme mich auch nicht aus der Zahl derer heraus, die in unserem Stand bisher des Ruhmes mangeln, den wir vor Gott und der Kirche haben sollten. Ich sehe mehr und mehr, woran es mir auch selbst mangelt und bin bereit auch bei den anderen solches brüderlich vorauszusetzen. Ja, es betrübt mich nichts mehr, als daß ich fast nicht sehe, wie in solcher grauenhafter Verderbnis unsereiner sein Gewissen retten möge.

Wir müssen ja bekennen, daß nicht nur in unserem Stande hin und wieder Leute gefunden werden, die auch von öffentlichen Ärgernissen nicht frei sind. Noch viel weniger sind nach dem Augenschein, die das wahre Christentum (das doch nicht in Enthaltung von äußerlichen Lastern und in einem äußerlich unanfechtbaren moralisch guten Leben besteht) recht verstehen und üben. Auch bei vielen, deren Leben, gemessen an der allgemeinen Weltmode,

untadelig erscheint, läßt sich der Weltgeist in Fleischeslust, Augenlust und hoffärtigem Leben, wenn auch in subtiler [feinerer] Form, erkennen. Man hat hier selbst das erste praktische Prinzip des Christentums, sich selbst zu verleugnen, niemals mit Ernst sich vorgenommen.
Man sehe auf die Art, wie man Beförderungen, Verbesserungen erstrebt, man sehe auf die Lehr- und anderen Verrichtungen.

Zur Theologie genügen nicht menschlicher Fleiß und menschliche Klugheit allein

Man tue das mit so liebreichen wie auch im Licht der vom Geist erleuchteten Augen. Was gilt's! Ob man nicht bei vielen, von denen man gern aus christlicher Liebe besser urteilen würde, das feststellen muß, was sie selbst nicht sehen: wie tief sie noch in der alten Geburt stecken und die rechten Kennzeichen der Wiedergeburt in nichts tätlich haben? So möchte Paulus noch an vielen Orten klagen. Phil. 2, 21: *Sie suchen alle das ihre, nicht das Christi Jesu ist.*
Nun gibt solches nicht nur großes Ärgernis, wo es erkannt wird. Ja, das größte Ärgernis ist schon vorhanden, da es nicht erkannt wird und die Menschen (die allzeit nach der Unart unserer Natur lieber nach Vorbildern als nach der Lehre urteilen) auf die Gedanken kommen, das sei schon das rechte Christentum, das sie an ihren Predigern sehen und brauchten sie nichts weiter zu bedenken. Doch das allerbetrüblichste ist, daß bei so vielen Predigern ihr Leben und der Mangel an Glaubensfrüchten anzeigt, daß es ihnen selbst an dem Glauben mangelt. Und dasjenige, was sie für Glauben halten und aus dem heraus sie lehren, ist durchaus nicht der rechte Glaube, der aus des Heiligen Geistes Erleuchtung, Zeugnis und Versiegelung durch das göttliche Wort geweckt ist, sondern eine menschliche Einbildung. Da sie aus der Schrift aber allein deren Buchstaben ohne Wirkung des Heiligen Geistes, also aus menschlichem Fleiß (wie andere in anderen Studien durchaus etwas lernen) haben, sind sie von dem wahren himmlischen Licht und Glaubensleben ganz entfernt. Gewiß, die rechte Lehre haben sie zwar gefaßt, pflichten ihr auch bei und wissen sie andern vorzutragen.
Keinesfalls will ich daraus folgern, daß durch solche Leute und ihren Dienst nichts Gutes gewirkt oder bei jemandem der wahre Glaube und wahre Bekehrung zuwege gebracht werden könnte. Denn das Wort empfängt seine göttliche Kraft nicht von der Person, die es vorträgt, sondern in sich selbst hat es sie. Paulus freut sich dessen: Phil. 1, V. 15. 16. 18 (*).
Gleichwohl wird mir ein verständiger Christ nicht in Abrede stellen, daß dergleichen Leute, die selbst den wahren göttlichen Glauben

nicht haben, ihr Amt nicht so zu tun vermögen, daß sie durch das Wort bei den Zuhörern diesen wahren göttlichen Glauben erwecken, wie es sich gehörte. Sie sind dann untüchtig zu dem erhörlichen Gebet, wodurch ein gottseliger Prediger viel Segen erlangt. Sie können nicht die erforderliche Weisheit haben, welche von demjenigen gefordert wird, welcher andere mit allem erforderlichen Nachdruck lehren und auf den Weg des Heils führen sollte. Bei mir ist kein Zweifel, daß wir bald eine ganz andere Kirche haben würden, wo wir Lehrer zum überwiegenden Teil diejenigen wären, die mit Paulus ohne Erröten unseren Gemeinden zurufen dürften: 1. Kor. 11, V. 1: *Seid meine Nachfolger, gleichwie ich Christi.*
Dagegen finden wir eine nicht geringe Zahl, die es selbst nicht für nötig halten, so zu sein, wie es wiederum der Apostel Epheser 4, V. 21 seinen Ephesern als längst gelernt vorhält: *daß in Jesus ein rechtschaffenes Wesen sei.* Und also ist die allgemeine Art, wie der große Haufe sich einbildet, selig zu werden, nicht göttlicher Ordnung gemäß. Wo der Prediger selbst nichts anderes dafür hält, wie will er dann die Zuhörer so weit bringen, als es nötig ist?
Ich erschrecke und schäme mich fast, so oft ich daran denke, daß die Lehre von der ernstlichen inneren Gottseligkeit etlichen so gar verborgen oder unbekannt sein sollte, daß, wer dieselbe mit Eifer treibt, kaum bei einigen den Verdacht vermeiden kann, er sei ein heimlicher Papist, Weigelianer oder Quäker. Der selige und der Reinheit der Lehre wegen bekannte D. Balthasar Meißner hat zu seiner Zeit geklagt: *Daß man kaum mehr des Weigelianismus und neuer Sektiererlehre unverdächtig bleiben könne, wenn wir mit notwendigem Eifer die Gottseligkeit treiben und was gelehrt wird, stets ermahnen, in die Praxis zu bringen.* (*) So sind auch sonst derjenigen viel, die den Schaden Josephs in vielen Dingen nicht verstehen. Wo wir nur eben von den Widersachern falscher Religion keine Not hätten und äußerlicher Friede wäre, meinen sie, daß die Kirche in dem glückseligsten Zustand wäre. Sie sehen darum ihre gefährlichen Wunden durchaus nicht. Wie sollten sie dann solche verbinden oder heilen?

Die Streitgespräche

Daher kommt es, daß die Kontroversen weder das einzige noch das wichtigste sind. Sie gehören freilich mit zur Theologie und wir sollen nicht nur wissen, was wahr ist, um demselben folgen zu können, sondern auch, was falsch ist, um demselben zu begegnen. Nicht wenige aber setzten alles allein auf die Streitgespräche und meinen, es sei alles gut geraten, wenn wir nur wissen, wie wir den Papisten, Reformierten, Wiedertäufern u. a. auf ihre Irrtümer zu antworten haben. Es gehe dann mit den Früchten der Artikel, die wir etwa noch mit ihnen gemeinsam besitzen und mit den von

allen erkennbaren Lebensregeln, wie es wolle. Es klagte der alte und erfahrene Kirchenlehrer Gregorius Nazianzenus (Ep. 21 oder nach der griech. Edition Ep. 1) sehr bedächtig zu seiner Zeit über solche Streitsucht (*): Omnes uno hoc nomine pii sumus, quia alii alios impietatis condemnamus. Das ist: *Wir sind alle darinnen gottselige Leute, daß wir einer den anderen als Gottlose verdammen.* Malos et bonos non vitae sed dissidii vel concordis signo notamus: *Wer gut oder böse sei, urteilen wir nicht nach dem Leben, sondern nach dem sie in der Lehre mit uns einig oder nicht eins sind.* Item: Quod nonulli sunt qui de levibus rebus, nec quicquam utilitatis habentibus, digladiantur, sociosque mali quoscunque possunt admodum stulte temereque adsciscunt, hisque omnibus deinde fides praetexitur, atque illustre hoc nomen privatis illorum contentionibus dissidiisque convellitur: *Daß etliche sind, welche unter sich streiten über geringe und unnütze Dinge und suchen ihnen dann törichte und vermessene Anhänger, so viel sie ihrer zuwege bringen können und schützen dann vor, als wäre es um den Glauben zu tun. So wird solcher trefflicher Name durch ihren eigenen Streit und Gezänk zerrüttet.* Wer erkennt aber nicht, da er auf den Augenschein geht, daß, wenn der liebe Vater sollte aufstehen, er eben zu solcher Klage würde genugsam Ursach bei uns finden? (*)
Wohin zielte der selige Rostocker Theologe D. Johann Affelmann, als er die Theologiestudenten in einer programmatischen Rede so ansprach? (*) *Wir zweifeln nicht, dieselben verflucht zu halten, die alle rechtschaffene eifrige Übung der wahren Gottseligkeit und des inwendigen Menschen hintansetzen und die Theologie oder das wichtigste darinnen auf das Disputieren setzen und also Gott nur die Zunge, dem Teufel aber die Seele geben, wie Bernhardus redet.* Denn wie wir wissen, daß *Christus (zugleich und nicht voneinander geschieden) sei der Weg, die Wahrheit und das Leben, so ist er der Weg wegen seines heiligen Lebens, worinnen wir mit höchstem Fleiß ihm folgen müssen, die Wahrheit wegen seiner Lehre, die mit gläubigen Herzen ist anzunehmen. Das Leben nach seinem Verdienst ist mit dem wahren Glauben zu ergreifen.* Ach, würde hieran fleißiger gedacht, wie viel besser sollte es doch stehen!

Fremdes ist in die Theologie eingedrungen!

Aber wir können ja nicht in Abrede stellen, daß, ob wir wohl durch Gottes Gnade die reine Lehre aus Gottes Wort noch haben, daß gleichwohl hin und wieder allgemach in die Theologie viel Fremdes, Unnützes und mehr nach Weltweisheit Schmeckendes eingeführt wird. Darin steckt mehr Gefahr, als man denken möchte. Es sollen uns billig im Sinn liegen die Worte des hocherleuchteten Luther (Tom. 2. Altenburg. pag. 160 b an die von Erfurt): *Hütet euch, Satan hat es im Sinn, daß er euch mit dem Unnötigen aufhalte und das Nötige damit hindere und wenn er eine Handbreit bei euch einbricht, will er hernach den ganzen Körper mit Sekten voll unnützer Fragen einführen, wie er bisher in den hohen Schulen durch die Philosophie getan hat. Also hören wir, wie nicht geringer Schade sei, wo man außer und über die Schrift will klug und witzig sein. Und doch wird es an Exempeln nicht mangeln.*

Man vergleiche unseres teuren Luthers Schriften, wo derselbe mit Erklärung göttlichen Wortes umgeht oder die christlichen Glaubensartikel behandelt, auch die vor Augen liegenden Werke anderer Theologen seiner Zeit, mit den heute herauskommenden. Man wird wahrhaftig finden, wenn man es frei heraus bekennen will, daß in jenen viel geistreiche Kraft und in höchster Einfalt vorgetragene Weisheit angetroffen wird und wie leer fast dagegen diese sind. In den neueren findet sich wohl ein stärkerer Apparat von menschlicher prächtiger Gelehrsamkeit, verkünstelten Wesens, auch vorwitziger Geistreichigkeiten in Dingen, wo wir nicht über die Schrift hinaus weise sein sollten.

Und ich weiß nicht, ob unser seliger Herr Lutherus, wo er wieder aufstehen sollte, nicht auch an unseren Universitäten öfters dieses und anderes strafen würde, was er mit Eifer zu seiner Zeit den Zeitgenossen vorgehalten hat.

Unsere Klage über die Streittheologie ist nicht neu!

Es ist zwar diese Klage nicht neu. Der stattliche Mann D. David Chytraeus, welcher vor vielen anderen die Mängel der Kirchen eingesehen und wegen seiner vortrefflichen Erfahrung und christlichen Klugheit von Königen und Fürsten zur Ordnung von Kirchen- und Schulwesen mehrfach angefordert wurde, klagte schon darüber im vergangenen Jahrhundert in einem Schreiben an Hier. Mencelium (in Epist. pag. 348.): *Wollte Gott, spricht er, wir gewöhnten unsere und unserer Zuhörer Gemüter daran, den Herrn zu fürchten, zur Buße und Bekehrung, zum Schrecken vor dem Zorn und Gericht Gottes über die Sünde, zur Übung der wahren Gottseligkeit, Gerechtigkeit und Liebe zu Gott und unserem Nächsten und nicht an disputierliche Zanksachen. Dadurch wird nur gezeigt, daß die bei den vergangenen Zeiten gewesene Sophisterei [Spitzfindigkeit] nicht weggenommen, sondern nur auf andere Fragen und Streitigkeiten umgewechselt oder verändert worden sei.*

Wiederum an einen anderen, an Joh. Judicem: *Es schmerzt mich, nachdem die Theologie kaum aus der Finsternis der päpstlichen Sophisterei hervorgekommen, daß sie allzusehr auf eine neue Sophisterei unnützer und vorwitziger Fragen zurückschlägt, da doch die christliche Religion nicht eben in Wissenschaft und Spitzfindigkeit der vorwitzigen Fragen, die zu unserer Zeit erneuert werden, besteht. Sie besteht vielmehr darin, daß wir den wahren Gott und unsern Erlöser Jesus Christus aus seinem Wort recht erkennen, inniglich fürchten und aus wahrem Glauben liebhaben, ihn anrufen, ihm in Kreuz und ganzem Leben gehorsam sind und andere Leute von Herzen lieben, ihnen mildiglich helfen, in aller Gefährlichkeit in unserem Leben, ja auch im Tod selbst mit festem Vertrauen auf die in Christus erworbene Gnade ruhen und erwarten, daß wir mit Gott ewig leben mögen.*

Wie sehnlich klagt auch der wohlverdiente selige D. Nic. Selneccerus in der Vorrede über die Psalmen, da er sagt: *Man finde allewege mehr Bücher, die voll Disputierens und Zankens und Scheltens und Lästern und voll strittiger Händel sind, die doch zu nichts als zu dem Schulgezänk dienen, als daß man feine Lehr- und Trostbücher finden und kaufen könnte, die fein und recht das Wort Gottes auslegen und rechte reine Lehre führen. Und das soll ein köstlich Ding sein, besser als ein Heiligtum, so es doch allgemein voll privater Affekte und heimlicher Rachgier und Verwirrung der Wahrheit steckt? Man tue die Menschengedanken hinweg, die ohne Gottes Wort und Heiligen Geist gehen. Man tue ab alles unnötige Gezänk und Disputieren und eigene Rachsucht, Ehrgeiz und Lästerung, so wird man gewiß in unserer Zeit wenig solche guten Bücher finden, die augenblicklich geschrieben werden.*

Damit stimmt auch weiland Mag. Dünckel, Coburgischer Superintendent in einer Vorrede über Luthers Betbüchlein überein, da er auch von dem Schaden weiß, der davon entsteht: *Darüber wird die rechte praktische Theologie, das ist die Lehre vom Glauben, Liebe und Hoffnung hintan gesetzt und wird dadurch wiederum eine spinöse Theologie, eine stachlige, dornige Lehre auf die Bahn gebracht, welche die Herzen und Seelen ritzt und kratzt wie in den Zeiten vor Martin Luther.*

Doch wie nun alle diese und andere wohlgesinnte Lehrer dieses beklagen und herzliche Besserung wünschten, so ist doch fast nichts damit erreicht worden. Der Augenschein ergibt es, daß solche Unart [einer Streittheologie] mehr zu- als abgenommen hat. Zu Anfang unseres Jahrhunderts hat der sel. D. Joh. Valentin Andreae in vielen Skripten das sehnlich beklagt und dergleichen [zänkische] Leute ziemlich empfindlich gestochen. Aber was nützen den Tauben diese Unterhaltungen?

Wir lernen vieles in der Theologie, von dem wir wünschten, es nicht gelernt zu haben!

Also lernen wir [in der Theologie] vieles, von dem wir wünschen sollten, daß wir es nicht gelernt hätten. Darüber wird das versäumt, daran uns mehr, ja alles gelegen ist, wie wir oben aus Luthers Worten vernommen haben. So mancher christlicher Theologe erfährt das, wenn er durch Gottes Gnade in ein Amt kommt. Ein großer Teil der Dinge, worauf er saure Arbeit und schwere Kosten [während des Studiums] angewandt hat, nützen ihm sein Lebtag nichts. So muß er fast aufs neue das zu studieren anfangen, was notwendiger ist. Da wünschte er, es vorher erkannt zu haben und daß er dazu [von seinen Lehrern] mit Fleiß und Weisheit geführt worden sei. Es mangelt tatsächlich selbst zu unseren Zeiten nicht an solchen Männern, die es mit der Kirche Gottes wohl meinen und diesen Fehler beobachten wie der württembergische Theologe D. Balth. Raith im Jahre 1669 in der laudatione funebri [Leichenrede] des berühmten seligen Herrn D. Zeller, 1669 zu Tübingen. Vor wenigen Jahren hat auch der um die Sächsische Kirche wohlverdiente Theologe D. Weller, als sie zum Reichstag zu Regensburg zusammengekommen waren, um untereinander die Verhandlungen zu führen, davon gesprochen, wie doch die scholastische Theologie, die Luther zur Vordertür herausgetrieben hat, von anderen aber durch die Hintertür wieder hereingelassen worden ist, aufs neue aus den evangelischen Kirchen ausgetrieben werden könnte. Die rechte biblisch [gegründete] Theologie sollte hervorgebracht werden. (*) Ach wollte Gott solcher tapferen Theologen damalige Ratschläge gesegnet haben oder noch künftig die segnen, die das gleiche Verlangen haben. Das würde wohl eine der größten Wohltaten sein, für die wir seiner himmlischen Güte zu danken hätten.

Der Schaden ist größer als wir denken

Dieser Mangel richtet mehr Schaden an, als sich die meisten vorstellen. Denn die Gemüter werden an diese Streittheologie gewöhnt. Davor hat schon Paulus seinen Timotheus gewarnt und befiehlt ihm, *zu lehren, daß sie nicht acht hätten auf die Fabeln und Geschlechtsregister, die kein Ende haben und bringen Fragen auf mehr denn Besserung zu Gott im Glauben, da doch die Hauptsumme des Gebotes ist Liebe von reinem Herzen und von gutem Gewissen und von ungefärbtem Glauben, welche etliche haben gefehlt und sind umgewandt zu unnützem Geschwätz: Wollten der Schrift Meister sein und verstehen nicht, was sie sagen oder was sie setzen.* 1. Timotheus 1, 4. 5. 6. 7.

Wiederum Kapitel 6, 3. 4. 5 sagt er: *So jemand anders lehret und bleibet nicht bei den Worten unsers Herrn Jesu Christi* (solche sind aber lauter Einfalt und nicht menschliche Spitzfindigkeit, sondern göttliche Weisheit) *und bei der Lehre von der Gottseligkeit* (Hier lasset uns den Zweck unserer Studien wahrnehmen?) *der ist verdüstert und* (da er der gelehrteste Meister in Israel, der alles zu wissen meine und dafür gerühmt wird) *weiß nichts, sondern ist süchtig im Fragen und in Wortkriegen, aus welchen entspringt Neid, Hader, Lästerung, böser Argwohn, Schulgezänke solcher Menschen, die zerrüttete Sinne haben und der Wahrheit beraubt sind, die da meinen, Gottseligkeit sei ein Gewerbe.* So hat er auch treulich seine Kolosser 2, 8 gewarnt: *Sehet zu, daß euch niemand beraube durch Philosophie und lose Verführung nach der Menschenlehre und nach der Welt Satzungen und nicht nach Christo.*

Wo dann ein Gemüt mit einer solchen Theologie angefüllt ist, die zwar das Fundament des Glaubens auf Grund der Schrift festhält, aber so viel Holz, Heu und Stoppeln menschlichen Fürwitzes darauf gebaut hat, daß man das Gold kaum mehr sehen kann, so wird es über alle Maßen schwer, die rechte Einfalt Christi und seiner Lehre zu fassen. Wenn der Geschmack an andere unserer Vernunft anmutigere Dinge gewöhnt ist, wird ihm jenes ganz abgeschmackt vorkommen. Und ein solches Wissen (so ohne die Liebe bleibt) blähet auf. 1. Korinther 8, 1. Es läßt den Menschen in seiner Eigenliebe, ja hegt und stärkt dieselbe mehr und mehr. Jene der Schrift unbekannte Spitzfindigkeiten kommen gewöhnlich bei denen, die sie entwickeln, aus der Begierde heraus, die eigene Scharfsinnigkeit an den Tag zu bringen, um sich einen großen Namen, der ihnen auch in der Welt einen Nutzen einbringt, zuwege zu bringen. So erregen sie auch bei denen, die damit umgehen, ebenfalls Ehrsucht und andere einem wahren Christen unziemliche Leidenschaften vielmehr als wahre Gottesfurcht. Es fangen diese Leute an, große Einbildungen zu bekommen, die sich in solchen Dingen üben. Denn das, was allein not tut, erscheint ihnen viel zu gering. Sie bringen also das in die Kirche Christi, von dem man schwerlich dann lassen kann. Man trägt zu Markte, was einem am besten gefällt und treibt im allgemeinen das, von dem die Zuhörer, die nach dem Heil verlangen, wenig Erbauung finden. Was sie vorgesetzt bekommen, gibt ihnen einen ziemlichen Überblick über die Religionsstreitigkeiten, um mit anderen darüber disputieren zu können. Das halten sie für ihre größte Ehre. So verharren Lehrer und Zuhörer in dem Gedanken, das einzig Notwendige sei die Behauptung und das Festhalten der wahren Lehre, daß sie nicht durch Irrtümer umgestoßen wird und merken nicht, wie sehr sie durch menschlichen Fürwitz verdunkelt wird.

Beweisung des Geistes und der Kraft sind nötig

Ach, wie kann man so gar nicht Paulus nachsprechen 1. Korinther 2, 4: *Meine Worte und meine Predigt war nicht in vernünftigen Reden menschlicher Weisheit, sondern in Beweisung des Geistes und der Kraft, auf daß euer Glaube bestehe nicht auf menschlicher Weisheit, sondern auf Gottes Kraft.* Ja, man sollte wohl sagen können, der so hocherleuchtete Apostel würde selbst vieles nicht verstehen, wo er jetzt zu uns käme, was zuweilen solche lüsterne ingenia [geistreiche Menschen] an heiligen Stätten vorbringen: Das kommt daher, Paulus hatte seine Weisheit nicht von menschlicher

Kunst, sondern durch die Erleuchtung mit dem Heiligen Geist. Denn beides ist so weit voneinander wie Himmel und Erde. Und so wenig das eine von dem anderen begriffen werden kann, so wenig sind vom Geist erfüllte Seelen dazu bereit, sich zu jenen kraftlosen Phantasien herabzulassen.

So steht es also im Regierstand und unter den Theologen, welche den dritten [den Nährstand] und in ihm das meiste regieren und zu wahrer Gottseligkeit führen sollen. Man kann dann leicht erraten, wie es im dritten Stand zugeht. Es liegt auch hier vor Augen, daß man der Regeln Christi keine in offenem Schwang sieht.

Das allgemeine Leben unter den Laien in lutherischen Landen

Unser lieber Heiland hat uns vorlängst das Merkmal gegeben: Johannes 13, 35: *Daran wird jedermann erkennen, daß ihr meine Jünger seid, so ihr Liebe untereinander habt.* Hier wird *die Liebe* zum Kennzeichen gemacht und zwar eine Liebe, die sich öffentlich hervortut und nicht bloß vorgibt, im Herzen zu sein, die dabei eine unfruchtbare Liebe ist. 1. Johannes 3, 8! Urteilen wir nun nach diesem Kennzeichen! Wie mühsam wird man doch unter dem großen Haufen der Christen eine nur geringe Zahl recht wahrer Jünger Jesu herausfinden? Dabei trügt das Wort des Herrn nicht, sondern wird wahr bleiben nun und in Ewigkeit.

Man sehe sich das allgemeine Leben und Treiben an, auch unter unseren sogenannten Lutherischen (die aber solchen Namens nicht wert sind, da sie die Lehre des teuren Luthers vom lebendigen Glauben nicht erkennen). Finden wir nicht schwere Ärgernisse, ja solche Ärgernisse, die völlig im offenen Schwange gehen? Ich will nicht von den Lastern sprechen, die auch in der Welt als Unrecht erkannt werden. Denn solches Ärgernis tut nicht viel Schaden. Viel schwerer ist das, was aus der Sünde entspringt, was man aber nicht als Sünde erkennt oder deren Schwere man nicht achtet.

Die Trunkenheit

Wir müssen bekennen, daß die Trunkenheit unter die Zahl gehört, welche nicht nur an hohen und geringen Orten beim gelehrten und weltlichen Stande herrscht, sondern gar ihre Verteidiger findet. Sie bekennen wohl, daß derjenige, der daraus ein Handwerk macht, sich damit versündigt. Doch sie meinen, daß bei passender Gelegenheit, wenn man einem Freund gefallen möchte, — es soll natürlich nicht zu oft geschehen — einen Rausch sich anzutrinken, keine oder eine Sünde sei, die geringfügig ist. So wird diese Sünde niemals bußfertig erkannt. Denn sollte sie erkannt werden, so muß eben der Haß gegen sie gefaßt sein, sie nimmermehr, auch nicht um jemandem zu gefallen, zu begehen. Wem kommt das aber im allgemeinen Haufen nicht als ganz fremd und ungereimt vor, wenn ein Kind

Gottes diese Sünde ein für allemal abschwört? Vielmehr denken solche Leute: Die wider solche Sünde eifern, müssen doch seltsame Leute sein oder weil sie aus anderen Ursachen dieser Ergötzlichkeit feind sind. Sie mögen diese Stellungnahme nicht als göttlich anerkennen und doch ist sie göttlich.

Paulus versetzt die Trunkenbolde unter keine [vor Gott] ehrlichere Gesellschaft, 1. Korinther 6, 10, als zu den *Hurern, Ehebrechern, Weichlingen, Knabenschändern, Dieben, Geizhalsen, Lästerern, Räubern.* Die alle werden überhaupt vom Reich Gottes durch ihn ausgeschlossen.

Aber gilt hier nicht, eine Unterscheidung vorzunehmen? Ist nicht ein Unterschied zwischen einem, der es eben alle Tage tut und seine Freude darinnen selbst sucht und anderen, die es seltener, um anderen bei einer passenden Gelegenheit einen Gefallen zu tun, machen? Es sind also nur die einen, nicht die anderen gemeint. Wie nichtig dieser Einwurf ist, läßt sich auch aus anderen Schriftstellen dartun. Ich möchte solche Leute jetzt fragen, ob sie nur der Leute Leben für verdammlich halten, welche alle Tage huren, ehebrechen, Knaben schänden, stehlen, rauben usw. Ob sie glauben, daß es nicht zu viel sei, wenn man es jedes Jahr nur einmal, geschweige denn jeden Monat einmal täte? Meinen sie nicht doch, daß solche lasterhafte und unbußfertige Leute die Seligkeit verfehlen, wenn sie solche Sünde nicht mit eifrigem Vorsatz ablegen? Wer nur etwas an göttlicher Erkenntnis besitzt, erkennt das doch! Wie kommt es dann, daß wir allein von dieser Sünde so leichthin sprechen und sie kaum anders als bei öfterer Begehung für strafbar ansehen wollen? Denn was können wir mehr herbeibringen zur Verteidigung, als sie eine alte deutsche und nordländische Gewohnheit zu nennen? Meinen wir aber, daß das Gottes Wort aufhebt? Diese Angewohnheit vermag es so wenig zu schützen wie der Ausspruch des Apostels Paulus an die Korinther, wenn sie bei den Griechen eingerissen war. Ja, so wenig wir anderen Völkern, die etwa zur Unzucht, zum Diebstahl und dergleichen mehr geneigt sein möchten, zugestehen, ihre Laster geringer zu halten, so wenig werden sie uns in unserer Trunkenheit entschuldigen und noch viel weniger wird der gerechte Gott von uns einen Strich durch sein Gesetz machen lassen.

Es könnten dann einige mit diesem Argument angezogen kommen, daß die Trunkenheit eine so schwere Sünde nicht sein müsse, denn die wahren Christen sind eben unter uns gar zu dünn gesät. Ich lasse das gelten und folgere noch weiter, daß solche Sünde viel gefährlicher wird, so viel mehr überhand nimmt, weil sie von wenigen erkannt wird.

Ja, mit jenen Leuten zu Sodom rühmt man sie und schmückt sich mit ihr oder will sie für ein Peccatillum [Sündlein] geachtet haben.

Die Rechtsstreitigkeiten und Rechtshändel

Man sehe ferner die allgemeine Gewohnheit der Rechtsprozesse an. Muß man nicht gestehen, wenn man sie richtig untersucht, daß es etwas Seltenes ist, wo sie ohne Verletzung der christlichen Liebe und in deren Schranken geführt werden?

Es ist kein Unrecht, sich der göttlichen Hilfe bei der Obrigkeit zu bedienen und sie auf gerichtlichem Wege zu suchen. Doch auch auf einem solchen Weg soll dem Nächsten gegenüber alles geübt werden, was man auch bei dem anderen voraussetzt. Daß dies im allgemeinen nicht geschieht, sondern die meisten die Hilfe der Obrigkeit zu einem Instrument ihrer Rachgier, ihrer Unbilligkeit und unziemlicher Begierden benützen, ist abermals eine Sünde. Und sie wird nicht dafür gehalten und daher wird an sie bei der Buße fast gar nicht gedacht [gemeint ist die Beichtvorbereitung beim Abendmahl].

Sieht man auf Geschäftshandlungen, Handwerk und andere Arten des Lebens, womit jeder seine Nahrung sucht, so ist auch hier nicht alles nach den Regeln Christi eingeführt. Nicht wenige öffentliche Verordnungen und autorisierte Gebräuche sind denselben stracks entgegen.

In allem Gottes Ehre und seines Nächsten Bestes suchen

Wer denkt daran, daß er in allen dem seines Gottes Ehre und seines Nächsten Bestes suchen soll? Wer sucht nicht mehr als seine Notdurft bei seinen Dingen? Daher geschieht es, daß man es auch nicht für Sünde hält, wo man solche Vorteile gebraucht, die in der Welt keinen bösen Namen nach sich ziehen, sondern wohl für Klugheit und Vorsichtigkeit gerühmt werden, ob sie gleich dem Nebenmenschen neben uns sehr beschwerlich sind, ja ihn gar unterdrücken und aussaugen. Auch die beste Christen sein wollen, machen sich hier kein Gewissen, so gar hat die leidige Gewohnheit die Regeln unseres Christentums verdunkelt, daß es uns ungereimt vorkommen will, wo man sich danach wenigstens teilweise halten will: wir sollen *den Nächsten lieben als uns selbst.* Ob wohl die Kraft solcher Worte zu wenig erwogen wird?

Eine andere Verteilung der Güter ist ganz notwendig!

Wer denkt schon daran, wenn auch die Gemeinschaft, wie sie unter den Christen in der ersten jerusalemischen Gemeinde war, nicht geboten ist, daß gleichwohl eine andere *Gemeinschaft der Güter* ganz notwendig sei? Warum? Weil ich daran denken muß, daß ich nichts zu eigen habe, denn es ist alles meines Gottes Eigentum, ich bin allein ein darüber bestellter Haushalter. Und es steht mir durchaus nicht frei, das Meinige für mich zu behalten, wann und wie lange ich es will, sondern wo ich sehe, daß es zu Ehren des

Hausvaters und zur Notdurft meiner Mitknechte die Liebe erfordert, das, was mir gehört, hinzugeben, so habe ich es zu tun. Denn es ist ein gemeinschaftliches Gut. Der Nebenmensch kann es von mir nach weltlichem Recht nicht fordern. Doch darf ich es ihm ohne Verletzung des göttlichen Rechtes der Liebe, wenn dem anderen nicht anders geholfen werden kann, nicht vorenthalten, obwohl es sonst mir gehört. Sind das nicht fast fremde Lehren, wenn man davon redet? Und ist es doch die nötigste Folgerung der christlichen Liebe und in den ersten Kirchen [Gemeinden] durch und durch so gewesen, daß also weder die Gütergemeinschaft, wo niemand mehr Eigenes besitzt, die Gelegenheit zur Tugend und christlichen Liebe aufhob, noch, wo das persönliche Eigentum erhalten blieb, es zum Hindernis der brüderlichen Liebe wurde.

Die Reichen und die Armen unter den ersten Christen

Daher hatten bei den ersten Christen die Reichen keinen anderen Vorteil, als daß sie auch reich sein mußten in guten Werken. 1. Timotheus 6, 18, daß sie die Sorge und Mühe hatten, das zu verwalten, was sie jeden Augenblick bereit waren, so anzuwenden, daß sie damit ihre Liebe gegen Gott und den Nächsten bezeugen konnten und dessen Notdurft anerkannten. Die Armen hatten aber keine anderen Beschwerden (wo auch dieses für Beschwerde zu achten ist), als daß sie nicht aus eigener Hand, sondern aus ihrer Brüder Handreichung lebten. Es bedurfte unter den Brüdern keines Bettelns. Sie hätten es für unanständig gehalten, wenn es soweit gekommen wäre. Denn auch Gott hat im A. T. in seiner wohlgefaßten Ordnung den Juden das nicht gestatten wollen: Deuteronomium [5. Buch Moses] 15, 4. Jetzt aber ist es dahin gekommen, daß das Betteln als ein schändlicher Mißstand des öffentlichen Wesens und gar als ein Schandfleck des Christentums angesehen werden muß, so allgemein ist es geworden. Dabei ist es ein Deckmantel vieler grausamer Sünden, eine Erschwernis für die wirklich Bedürftigen und für die Personen geworden, die zu christlicher Mildtätigkeit bereit sind. Für die meisten freilich ist es keine Mahnung an ihre Pflicht, dem notdürftigen Nächsten Gutes zu tun, wenn sie das eine und das andere Mal einem Bettler unwillig einige Heller zuwerfen.
Ferne von ihnen ist, daß sie doch erkennen sollten, daß sie auch zu solchen Liebestaten verpflichtet sind, die sie wirklich bei ihren täglichen Ausgaben für das eigene Leben verspüren.

Im Alten Testament gaben sie den Zehnten

Im A. T. gaben sie auf göttliche Verordnung mehr als den Zehnten zum Unterhalt des Predigtamtes, des Gottesdienstes und für die Armen. Wir aber denken nicht daran, daß uns in Christus viel

reichlichere Wohltaten erwiesen worden sind als jenen. Wir sollten deshalb, wenn es die Notdurft des Nächsten erfordert, bereit sein, nicht weniger, sondern mehr und alles, was wir haben, dazu anwenden. Daß solches nicht geschieht und auch zumeist die Mildtätigkeit der guttätigen Leute fast niemals weiter geht als aus dem Überfluß (Markus 12, 44) mitzuteilen, ist ein Beweis dafür, wie weit wir von der Übung der recht ernstlichen Brüderliebe abgekommen sind. Wir wollen kaum glauben, was sie wirklich erfordert.
Es ist hier nicht der Ort, alles auszuführen. Aus diesen Beispielen aber erhellt sich zur Genüge, daß solche Sünden unter uns im Schwang gehen, die doch nicht für Sünden gehalten werden und deren Ärgernis destomehr schadet. (Daß sie es dennoch sind, zeigt uns die Hl. Schrift, die uns das Gegenteil vorhält.)
Dabei bleibt es auch nicht, denn wir sehen an der Art, wie man Gott dient, welche Gedanken in den großen Haufen lebendig sind. Sie sind nicht unserer heilsamen Lehre gemäß. Wie herrlich hat das der selige D. Paulus Tarnovius in seiner Oratio de novo Evangelio [Rede über das neue Evangelium] dargetan. Man erkennt aus ihr, wie gründlich der eifrige Mann das, woran es mangelt, eingesehen hat. Diese Rede müßte in aller Hände sein.

Einzig und allein durch den Glauben werden wir selig

Wir erkennen gern, daß wir einzig und allein durch den Glauben selig werden müssen, und daß die Werke oder gottseliger Wandel weder viel noch wenig zu der Seligkeit tun. Das gehört allein als eine Frucht des Glaubens zu der Dankbarkeit, zu der wir Gott gegenüber verbunden sind, der bereits unserem Glauben die Gerechtigkeit und Seligkeit geschenkt hat. Und es sei ferne von uns, von dieser Lehre nur einen Fingerbreit zu weichen. Lieber sollten wir das Leben und die ganze Welt fahren lassen als das geringste davon zurücklassen. Also erkennen wir auch gern die Kraft des göttlichen, des gepredigten Wortes an, daß es eine Kraft Gottes sei, selig zu machen alle, die daran glauben (Römer 1). Also, daß wir nicht nur um des Befehls willen, Gottes Wort fleißig zu hören, daran gebunden sind. Auch deswegen, weil solches die göttliche Hand ist, welche die Gnade anbietet und den Glauben, die das Wort selbst durch des Heiligen Geistes Kraft erweckt, halten wir daran fest. So weiß ich auch die Taufe und deren Kraft nicht hoch genug zu preisen und glaube, daß sie das eigentliche Bad der Wiedergeburt und Erneuerung des Heiligen Geistes sei (Titus 3). Oder wie unser Luther in dem Katechismus sagt, *daß sie wirke Vergebung der Sünde, erlöse vom Tod und Teufel und gebe* (nicht nur verspreche) *die ewige Seligkeit*. Nicht weniger erkenne ich gern die herrliche Kraft, daß ich nicht nur geistlich, sondern auch *sakramentlich, mündlich* [durch den Mund] *den Leib und das Blut des Herrn*

in dem heiligen Abendmahl empfange. Um solches willen widerspreche ich aus Herzensnötigung den Reformierten, wenn sie verneinen, daß wir solchen Unterpfand unserer Erlösung in, mit und unter dem Brot und Wein empfangen. Denn sie schwächen diese Kraft und können keine andere darin erkennen, als welche sie auch durch das Wort außerhalb des Sakramentes empfangen.
Wie ich nun unsere Kirchenlehre von all diesen Stücken mit Herz und Mund führe und daher auch Luthers Schriften mir so viel angenehmer sind, in welchen wir mehr davon als bei irgend einem anderen Autor finden: also kann ich doch nicht in Abrede stellen, daß wider unsere Lehre und dem Bekenntnis der Kirche bei dem großen Haufen, ob sie wohl evangelisch heißen, ganz andere Gedanken und Einbildungen von der Sache bestehen.

Gewißheit ist notwendig, nicht falsche Sicherheit

Wie viele führen ein ganz offenbar unchristliches Leben, so daß sie es selbst nicht in Abrede stellen können, da es in allen Stücken von der Regel abgeht. Sie haben auch nicht den Vorsatz, künftig anders zu leben. Bei alledem aber bilden sie sich eine feste Zuversicht ein, daß sie dennoch selig werden. Fragt man sie, worauf sie sich gründet, so wird man feststellen, wie sie selbst es eingestehen, daß sie sich darauf verlassen, daß wir nicht durch unser Leben selig werden. Doch würden sie ja an Christus glauben und all ihr Vertrauen auf ihn setzen. Daher könnte es nicht fehlen, daß sie aus solchem Glauben selig würden. Dabei halten sie die fleischliche Einbildung eines Glaubens (denn der göttliche Glaube ist nicht ohne den Heiligen Geist, der aber bei vorsätzlichen und herrschenden Sünden nicht vorhanden ist) für den Glauben, der selig mache. Das ist aber ein so schrecklicher Betrug des Teufels als je ein Irtum sein kann, ein solches Hirngespinst eines sicheren Menschen, so die Seligkeit zu beschreiben.

Der Glaube ist nach Luther ein lebendig, geschäftig und tätig Ding und es ist unmöglich, daß er nicht ohne Unterlaß sollte Gutes wirken.

Ach, wie redet unser teurer Luther so ganz anders von dem Glauben. In der Vorrede über die Epistel an die Römer spricht er: *Glaube ist nicht menschlicher Wahn und Traum, den etliche für Glauben halten: Und wenn sie sehen, daß keine Besserung des Lebens und gute Werke folgen und doch vom Glauben viel hören und reden können, fallen sie dann in Irrtum und sprechen: Der Glaube sei nicht genug, man müsse Werke tun, soll man fromm und selig werden. Das macht, wenn sie das Evangelium hören, so fallen sie dahin und machen sich aus eigenen Kräften einen Gedanken im Herzen. Der spricht, ich glaube. Das halten sie dann für einen rech-*

ten Glauben. Aber es ist wie ein menschliches Gedicht und Gedanken, den der Herzensgrund nimmer erfährt. Also tut er auch nichts und folget keine Besserung nach. Aber der Glaube ist ein göttlich Werk in uns, das uns wandelt und neu gebiert aus Gott, Johannes 1, 13, und tötet den alten Adam. Er macht aus uns ganz andere Menschen von Herzen, Mut, Sinn und allen Kräften und bringet den Heiligen Geist mit sich. O, es ist ein lebendig, geschäftig, tätig Ding um den Glauben, daß es unmöglich ist, daß er nicht ohne Unterlaß sollte Gutes wirken. Er fragt auch nicht, ob gute Werke zu tun sind, sondern ehe er fragt, hat er sie getan und ist immer im Tun.

Andere Stellen führen wir nicht an, wo er eben auf die gleiche Weise redet. Man lese nur in der Kirchenpostille. (Sommerpostille fol. 65. a.) Dort beschreibet er den göttlichen und menschlichen Glauben recht nachdrücklich und hält beide gegeneinander. Also ist es einmal an dem, daß bei allen denen, die in herrschenden Sünden leben und also des Heiligen Geistes, daher auch des rechten Glaubens nicht fähig sind, kein anderer Glaube sein kann als ein dergleichen menschlicher Wahn. Wie groß ist aber jene Zahl? (*)

Besteht das ganze Christentum darin, getauft zu sein, die Predigt zu hören, die Beichte und das Abendmahl zu empfangen?

Wir werden durch die tägliche Erfahrung davon überzeugt, daß nicht wenige meinen, das ganze Christentum bestehe darin und damit hätten sie dem Dienste Gottes genug getan, wo sie eben getauft wären, göttliches Wort in der Predigt hören, beichten, die Absolution empfangen und zum heiligen Abendmahl gehen. Es sei nun das Herz bei solchem Dienst wie es wolle, die Früchte folgen nicht. Es genüge ja, daß das Leben so geführt wird, daß darin die Obrigkeit nichts Strafbares finde. Solcher Leute Einbildung beschreibt Johann Arnd im Wahren Christentum 2/4: *Ich bin als ein Christ getauft, ich habe Gottes Wort rein, ich höre dasselbe, ich brauche das heilige Sakrament des Abendmahls, ich bekenne und glaube alle Artikel des christlichen Glaubens. Darum kann mir nichts mangeln. Mein Tun muß Gott gefallen und ich muß selig werden. So folgert jetzt alle Welt und hält auch dafür, daß darinnen die Gerechtigkeit bestehe.* Man sehe an solchem Ort auch die Antwort. Aber damit kehren solche blinden Leute Gottes heilige Intention [Absicht] ganz um. Dein Gott hat dir freilich die Taufe gegeben, daß du nur einmal getauft werden darfst. Aber er hat mit dir den Bund gemacht, welcher auf seiner Seite ein Gnadenbund ist. Solches muß nun dein Leben lang währen, daß es nun auch auf deiner Seite ein Bund des Glaubens und guten Gewissens ist. Und du tröstest dich vergeblich deiner Taufe und der darin zugesagten Gnade der Seligkeit, wo du auf deiner Seite nicht auch in dem

Bund des Glaubens und guten Gewissens bleibst. Oder da du abgewichen, wiederum durch herzliche Buße zurückkehrst. Also muß deine Taufe, soll sie dir nützlich sein, in steter Übung bleiben das ganze Leben hindurch.

Wiederum: Du hörst Gottes Wort. Das ist recht getan. Aber es ist nicht genug, daß dein Ohr es hört. Lässest du solches auch in dein Herz hinein dringen, daß solche himmlische Speise dir Saft und Kraft schenkt? Oder geht es zu dem einen Ohr hinein und zum anderen hinaus? Der Herr sagt Lukas 11, 28: *Selig sind, die Gottes Wort hören und bewahren.* Das Hören allein macht aber nicht selig, sondern vergrößert nur deine Verdammnis, wenn du die empfangene Gnade nicht anwendest. Nun aber, ach wie viele, die nicht sagen können, daß Gottes Wort bei ihnen Frucht bringt und dennoch meinen, daß sie Gott solchen Gehorsam und Dienst geleistet, der sie selig mache.

Die Beichte und die Absolution wirken nicht automatisch

Wir halten sie für ein kräftiges Mittel des evangelischen Trostes und der Vergebung der Sünden. Aber das gilt nur für die Glaubenden. Warum trösten sich dann ihrer so viele, bei denen sich nicht das Geringste von dem wahren Glauben findet, den wir oben beschrieben haben? Sie beichten und lassen sich absolvieren bei bleibender Unbußfertigkeit. Und doch soll ihre Beichte und Absolution nach ihrer Meinung ihnen nützlich sein. Auch beim Abendmahl denken über die Maßen viele Leute, entscheidend ist, daß sie das heilige Werk oft verrichten. Doch ob sie das geistliche Leben dadurch bei sich stärken lassen, ob sie mit Herzen, Mund und Nachfolge den Tod des Herrn verkündigen, ob der Herr bei ihnen wirkt und herrscht oder ob sie den alten Adam noch auf seinem Thron lassen, wird kaum bedacht. Das heißt doch, daß man unvermerkt den schändlichen Irrtum des operis operati, so wir an den Papisten strafen, wieder einführen [operis operati: automatisch durch den Vollzug wirksam].

Unsere kirchliche Lehrüberzeugung ist nicht schuldig

Nun ist hieran unserer Kirchen Lehre nicht schuldig, die solchen Einbildungen eifrig widerspricht, sondern das ist der Menschen Bosheit und des Teufels List. Sie sucht bei jenen die göttlichen Mittel zur Seligkeit in eine falsche Sicherheit zu verkehren und so zu einer schweren Verdammnis zu machen. Das sollte doch vielen Predigern zum Anlaß dienen, mit verstärktem Fleiß solcher Sicherheit und falscher Einbildung zu widersprechen und den Leuten die Augen zu öffnen. Dadurch würde mancher aus seinem Schlaf geweckt und dem Verderben noch entrissen werden.

In solchem Zustand sehen wir leider mit betrübten Augen die

äußere Gestalt der Kirche an, einer wahren und in der Lehre reinen Kirche.

Die Judenfrage

Über solches ärgern sich am ersten die Juden, die unter uns wohnen. Sie werden dadurch in dem Unglauben gestärkt, ja bewogen, den Namen des Herrn zu lästern.
Denn sie können es nicht glauben, daß es möglich sei, Christus für einen wahren Gott zu halten, wenn wir seinen Geboten nicht folgen. Oder es müsse unser Jesus ein böser Mensch gewesen sein, wo sie ihn und seine Lehre nach unserem Leben beurteilen. Wir können einfach nicht in Abrede stellen, daß dieses eine große Ursache ihrer bisherigen Verstockung und ein Hindernis der Bekehrung der Juden gewesen ist. Das ist das Ärgernis, das diese armen Leute an uns nehmen müssen. Das hat neben anderen der hochberühmte und nachmalige Rostocker Professor D. Joh. Georg Dorscheus mit beweglichen Worten beklagt (*): *Wie vorher die Juden, soviel sie vermochten, verwehrten, daß den Heiden das Evangelium gepredigt würde, so tun die Christen mit ihren schändlichen Ärgernissen, Gottlosigkeit, Heuchelei, Ungerechtigkeit, Betrügerei, Unreinigkeit, anderen schrecklichen Lastern, Spaltungen, Haßstreitigkeiten, grausamen und schrecklichen Kriegen, vor allem, daß sie das dringlichste Werk, daß sie leider das Band der heiligsten Bruderschaft zerrissen haben, sowohl ihr eigenes Heil wegwerfen, als auch die Seligkeit der Juden und anderer Ungläubiger verhindern. Dabei sollten sie sie befördern und zuwege bringen. Wenn nun aber solche Dinge, die sich mit dem seligmachenden Glauben durchaus nicht vereinigen lassen, unter uns am stärksten herrschen, wer sollte dann nicht den verderbten, gefährlichen, und über alle Maßen verzweifelten Zustand unserer Kirchen nicht bitterlich beweinen?*

Das schwerste Hindernis einer Judenbekehrung sind die Christen

Wer sollte zweifeln, daß nicht in unseren Tagen wir vor den letzten und recht schweren Tagen stehen? Wer sollte nicht die meisten unter denen, die sich Christen nennen, unter die Zahl derer setzen, die um ihres Unglaubens willen in Gottes strengem Gericht sollen umgehauen werden? Denn was ist das gottlose und verruchte Leben der Christen, die sich der Gottseligkeit nur äußerlich annehmen, aber ihre Kraft verleugnen und durch Mißbrauch der göttlichen Langmut und Gütigkeit sich den Zorn als einen Schatz zusammen sammeln, heutzutage anderes als ein Zeugnis dafür, daß sie öffentlich des boshaften Unglaubens überführt und als das ausgerufen worden sind?

Ist das die Frucht der lutherischen Reformation?

So ärgern sich allerhand Irrgläubige daran. Selbst die gegen uns feindseligen Papisten machen des Prahlens darüber kein Ende, als wäre dies die Frucht der Lehre des Evangeliums und der Reformation Luthers. Ihre Anschuldigungen liegen in gedruckten Schriften offen zutage. Ihre Einwürfe sind gewiß von gottseligen Lehrern längst beantwortet worden (wie noch kürzlich mein in dem Herrn vielgeliebter Freund und Bruder Herr D. Wilh. Zeschius in seinem 2. Teil der Verteidigung wider P. Sevenstern, Kap. 5, Art. 2, S. 940, den Widersachern den Mund gestopft hat). Doch wiederholen sie dieses immer wieder, um die Schwachen unter uns irre zu machen, bei ihren Leuten aber den Ekel vor unserer Religion zu stärken.

So sind auch viele andere, auch gut gesinnte Gemüter, darum auf den Gedanken gekommen: Wir stecken wohl auch in Babel, nicht nur die römische Kirche und können uns des nicht rühmen, daß wir uns von ihr getrennt haben.

Es ist wohl auch nur Gott bekannt, mit welch wehmütigem Herzen sie solches betrübtes Wesen ansehen und mit wie vielen Seufzern und Tränen sie den Schaden Josephs bejammern, daß sie das mit ihren Augen ansehen und doch keine Hilfe erblicken können. Ja, sie beobachten, daß alles fast noch ärger werden wolle. Wie oft entlehnen sie dem David sein Wort, Psalm 119, 53: *Ich bin entbrannt über die Gottlosen, die dein Gesetz verlassen* (V. 136). *Meine Augen fließen mit Wasser, daß man dein Gesetz nicht hält* (V. 129). *Ich habe mich schier zu Tode geeifert, daß meine Widersacher dein Wort vergessen* (V. 158). *Ich sehe die Verächter und tut mir wehe, daß sie dein Wort nicht halten.* (*)

Man kann sich dann des äußerlichen ruhigen Wohlstandes, womit Gott die Kirche gesegnet hat, nicht sehr freuen, weil solch allgemeiner Jammer uns betrüblich zu Herzen geht. Und wäre nicht die starke Hand Gottes, die uns erhält und uns selbst versichert seiner Nähe, auch wenn wir eine allgemeine Besserung nicht erleben, so sollte es uns doch wie jenem Baruch, Jeremia 45, 5, ergehen: Wir würden sonst allerdings in der Trübsal versinken.

Auch an ihrer Kirche irre gewordene Katholiken zweifeln an uns

Das ist auch das entscheidende Hindernis für viele aufrichtige Gemüter, die sich in anderen irrgläubigen Gemeinden, vor allem auch in römischen Kirchen befinden und sich gern zu uns wenden würden. Aber sie erkennen diese Greuel auch. (Dabei befinden sich in der äußerlichen römischen Kirche, so unglaublich es auch erscheint, eine Zahl von Menschen, die wahrhaftig den Papst und seinen Stuhl für den von Gott verkündigten Antichristen halten und zuweilen darüber in wehmütige Klagen ausbrechen.) Sie wären durchaus willig, weil sie Irrtümer und Greuel in ihrer Kirche sehen, sich mit

Freuden einer rechten, offenbar christlichen Gemeinde einzuverleiben. So aber gelangen sie zu dem Schluß, es gäbe auf Erden keine reine Kirche. Die Kinder Gottes liegen noch in Babylon gefangen. So müssen sie in solcher babylonischer Gefangenschaft wohl bleiben und mit Furcht und Zittern und Seufzen und Vermeidung der gröbsten Mißbräuche in ihr Gott dienen.
Sie sehen kein anderes Mittel und Leben als in steter Angst und Unruhe ihres Herzens. Und sie halten unsere Kirche so wenig wie ihre eigene für die wahre Kirche, sondern alles für ein babylonisches Mischmasch, da keine der anderen viel voraus habe und es nicht wert sei, von der einen zur anderen zu gehen. Denn sie können unsere Kirche nicht anders sehen, als was ihnen in die Augen fällt. Vielen ist ja unsere Lehre nicht bekannt. Wem sie aber bekannt ist, der stößt sich an dem Leben, das sich nicht danach richtet. Sie halten dann selbst die Lehre für einen bloßen Vorwand, denn das Reich Gottes besteht nicht in Worten, sondern in der Kraft. Das wollen sie sehen.

Wir entschuldigen damit nicht die Zögernden

Es ist zwar an dem, daß wir solche Leute nicht entschuldigen können. Sie können genug Gelegenheit haben, die Lehre unserer Kirchen zu fassen, um festzustellen, daß sie mit Gottes Wort übereinstimmt, während ihre Kirche dagegen streitet. Sie wären dann doch in ihrem Gewissen gebunden und verpflichtet, sich doch der in der Lehre wenigstens reinen Kirche zuzugesellen. Denn hier können sie sich nach dem göttlichen Zuspruch, Jesaja 55, versichern, in ihr auch wahre, fromme Kinder Gottes anzutreffen, die mit ihrem Bekenntnis nicht dem Irrtum beipflichten oder ihn tun. Sie machen sich auch im Gottesdienst keiner Abgötterei oder anderer gleichen Sünden teilhaftig. Und ob sie auch viele Ärgernisse vor sich sehen müssen, können sie sich dennoch rein erhalten.
Es geschieht dann zu viel, wenn man aus diesen Ärgernissen unsere Kirche mit nach Babylon einordnen will. Was das geistliche Babel sei, haben wir von niemandem anderen zu lernen als vom Heiligen Geist. Nun hat derselbe Offenbarung 18, 5. 9. 18 durch die Feder des Johannes sie so beschrieben, daß man sie selbst nicht mit halb geschlossenen Augen finden sollte: Sie kann nichts anders sein als Rom, die große Stadt, die das Reich hat über die Könige auf Erden und zwar mit ihrem geistlichen Regiment. Nachdem sie das weltliche Regiment über den Erdkreis verloren hat, suchet sie es im geistlichen Sinn. Wir haben keine Macht, das geistliche Babel nach eigenem Gutbefinden zu erkennen, nur durch die Anleitung der Schrift ist es möglich.

Wir danken für die Befreiung aus der babylonischen Gefangenschaft durch die Reformation

Es kann demnach keine Gemeinde zu Babel gehören, die Babel und dessen Regiment öffentlich verwirft und ihr im geringsten nicht zu willen ist, noch sich von ihr regieren läßt, mag sie auch selbst Mängel und etwas von den in Babel angenommenen bösen Sitten an sich haben. Wir können einmal Gott nicht genugsam danken für solche Wohltat, daß er uns durch das selige Reformationswerk aus dem römisch-babylonischen Gefängnis herausgeführt und in die selige Freiheit gesetzt hat. (Wie dorten die Juden durch das Edikt des Cyrus unter dem Hohenpriester Josua und dem Fürsten Serubabel.) Wie es aber den alten Juden, so ist es mit uns auch ergangen. Es waren die Juden zwar wieder heimgekommen, sie hatten Stadt und Land inne, man fing zu bauen an und es wurde im zweiten Jahr der Grund des Hauses Gottes gelegt. Aber es gab Widerwärtige, die ihnen im Weg standen und von dem König Arthasastha einen widrigen Befehl erlangten, daß das Werk unterbleiben mußte bis in das zweite Jahr des Königs Darius. Dazu kam die große Nachlässigkeit der Juden, die damit zufrieden waren, daß sie aus Babel erlöst waren und ihren Gottesdienst einigermaßen wieder haben konnten. Sie waren nicht eifrig, ihn in den vorigen rechten Stand zu bringen. Sie haben ihren zeitlichen Frieden und ihre Ruhe gepflegt. So läßt ihnen der Herr auch durch Haggai zurufen: Kapitel 1, 2. 4. Weil sie sagten: *Die Zeit ist noch nicht da, daß man des Herrn Haus baue: Aber eure Zeit ist da, daß ihr in getäfelten Häusern wohnt und dies Haus muß wüste stehen.* Da waren die Juden zwar außerhalb des Gefängnisses, aber ihr Zustand in geistlicher und weltlicher Beziehung war noch gar nicht, wie er sein sollte.

Es ist mit der evangelischen Kirche wie mit den Juden nach der Rückkehr aus Babylon

Es klebte an ihnen noch die ganze Armseligkeit, in der sie Gottes Haus in Babel gehabt und an das sie sich gewöhnt hatten. Es hat vielleicht im Geistlichen es gar nicht viel besser nach der Rückkehr gestanden als im Gefängnis. Bis endlich durch ernsthaftes Zusprechen des Haggai und Zachariae, der Propheten, unter der Aufsicht Serubabels und Josuas der Tempel vollendet wurde. Gleichwohl war damit noch nicht alles getan, was geschehen sollte, noch wieder aufgerichtet, was der König von Babel vorher zerstörte. Es mußte erst Esra, der Schriftgelehrte, eine gute Zeit nach ihm Nehemia kommen, die zur Einrichtung des Kirchenwesens und zur Wiederaufrichtung der Stadtmauern und der politischen Verfassung vieles taten. Das kann man bei Esra und Nehemia im A. T. nachlesen.

Es läßt sich da vieles finden, was sich in unsere Zeit schickt. So können wir aus der Tatsache, daß lange Zeit das jüdische Wesen in Jerusalem nicht in dem Stande war, wie es hätte sein sollen, doch nicht den Schluß ziehen, daß sie darum noch im babylonischen Gefängnis verblieben wären. So heißt es doch auch nicht, daß wir um des mangelhaften Zustandes [unserer Kirche] nun wieder nach Babel verwiesen werden durch jene, die gegen die göttliche Wohltat [in der Reformation] undankbar sind.

Wir verharren aber nicht in unnützen Klagen

Den Juden sollte es nicht genug sein, daß sie aus Babylon hatten ausgehen können. Sie sollten danach trachten, das Haus des Herrn und seine schönen Gottesdienste wieder aufzurichten. Wir sollen darum auch nicht dabei stehen bleiben, daß wir wissen, wir sind aus Babel [= römische Kirche] gegangen. Wir müssen vielmehr sorgfältig darauf aus sein, die noch vorhandenen Mängel auszubessern.

Dahin zielen doch die Klagen gottseliger Herzen, die unseren elenden Zustand beseufzen, damit wir uns untereinander ermuntern und das Werk des Herrn immer ernster getrieben werde, als es bisher etwa geschah. Damit beantworten wir die Einrede gewisser Leute, die meinen, wir sollten solche Fehler und Schande unserer Kirche nicht aufdecken. Unseren Widersachern blieben sie dann verborgen, sie würden sie nicht gewahr werden. (*) Doch gehen die Klagen gottseliger Gemüter, wie der Herzenskündiger selbst sieht, aus gar keiner anderen Absicht oder Trieb als aus inniger Liebe und Eifer für Gottes Ehre hervor. Wir beseufzen, was wider Gottes Ehre streitet und tragen Verlangen, ob dieser oder jener nicht bewogen werden möchte, sich der Sache ernster anzunehmen. Es ist ja nur Liebe, wenn ich gefährliche Schäden aufdecke, um sie denen zu zeigen, die sie heilen sollen.

Der Feind hat Luchsaugen

So decken wir nichts auf, was nicht leider ohnedies vor den Augen liegt. Der heimlichen Gebrechen dieses oder jenes gedenken wir nicht. Vor den Widersachern das zu bedenken, ist vergebens. Meint man, man sollte die Schäden der Widersacher wegen geheim halten? Dann müßten wir uns selbst schmeicheln, als ob wir sie schärfer sehen würden als diese. Der Feind hat Luchsaugen und sieht manches, was der andere an sich selbst nicht wahrnimmt. Wir gewinnen nichts damit, wenn wir zu verhehlen suchen, was jene längst gesehen haben. Es wird uns alles viel mehr vorgehalten werden, wenn wir es gar noch verteidigen wollten. Wo wir aber die Fehler erkennen und ein herzliches Mißfallen daran bezeugen, wird ja viel kundbarer, daß die ganze Kirche nicht daran schuld ist.

Von der katholischen Kirche haben wir einen großen Teil unserer Fehler geerbt

Ohne Vorbehalt zeigen wir solche Gebrechen. Auf andere Weise können wir nicht nachweisen, daß sie nicht aus der Religion fließen, als sei auch das ganze Herz vergiftet. Der Schaden steckt allein in den Gliedern und äußerlich. So hat sonderlich die römische Kirche kein inneres Recht, unsere äußerlichen Gebrechen, die wir bekennen, zu ihrem Vorteil zu mißbrauchen. (*) Ja, wir können der römischen Kirche einen großen Teil der Fehler, die sich bei uns noch finden, mit gutem Recht zuweisen. Sie sind von ihr ererbt und sind auf gleiche oder andere und noch viel gröbere Art bei ihnen im Schwang.

Unterdessen sollen sowohl Gottes Ehre wie die Liebe zu unserer Kirche das Verlangen frommer Herzen erfüllen, um sie zu bessern und den Irrenden die Pforte zur Erkenntnis der Wahrheit noch weiter zu öffnen. Das soll uns dazu treiben, noch sorgfältiger alle diese Gebrechen zu erwägen und da sie von den Widersachern auch ohne unsere Hinweise von selbst genugsam gesehen werden, nicht die Augen vor dem eigenen Schaden zumachen. Denn wer hier des Herrn ist, der muß auch, so gut er kann, die Hand mit anlegen. Es ist eine Sache, die uns alle angeht.

Was hat Gott uns für die Zukunft der Kirche verheißen? Einen besseren Zustand – die Heimkehr Israels!

Sehen wir in die Heilige Schrift, so haben wir nicht zu zweifeln, daß Gott noch einen besseren Zustand seiner Kirchen hier auf Erden versprochen hat. Wir haben 1. die herrliche Weissagung S. Paulus und das von ihm geoffenbarte Geheimnis (Römer 11, 25. 26): Nachdem die Fülle der Heiden eingegangen ist, soll ganz Israel selig werden. Daß also, wenn eben nicht der ganze, gleichwohl ein offensichtlich großer Teil der bis dahin noch so verstockt gewesene Juden zu dem Herrn bekehrt werden soll. Wohin auch, wenn sie recht untersucht werden, vielerorts die Propheten im Alten Testament (Hos. 3, 4. 5 usw.) zielen werden. Wie denn nächst den Kirchenvätern auch die wichtigsten unserer Kirchenlehrer dieses Geheimnis von jenem apostolischen Ort her bekannt haben. Wir verbergen freilich nicht, daß neben unserem sonst werten Lehrer D. Luther verschiedene der Unsrigen, auch vornehme Doktoren, in Zweifel haben ziehen wollen, daß Paulus ungeachtet des Wortlautes das gemeint habe. Sie halten dafür, daß solche Verheißung schon von der Apostel Zeiten mit den bis jetzt bekehrten Juden zur Genüge erfüllt sei. Wir wollen uns nicht weitläufig dem widersetzen. Wir wollen solche Meinung auch nicht tadeln (wohl wissend, daß ehe die Prophezeiung erfüllt ist, es leicht geschehen könne, daß auch erleuchteten Leuten das rechte Verstehen einer Weissagung mangeln könnte). Doch können wir uns von dem Buchstaben, mit dem die ganze Absicht des paulinischen Kontextes [d. h. im Zusammenhang des ganzen Textes] lieblich zusammenstimmt, auch nicht abtreiben lassen. Wir hoffen auch nicht, daß uns jemand solches verargen könne.

Der zu erwartende tiefere Fall des päpstlichen Roms

Zudem haben wir noch einen größeren Fall des päpstlichen Roms zu erwarten. Denn ob ihm schon ein merklicher Stoß von unserem Herrn Luther gegeben worden ist, so ist doch desselben geistliche Gewalt noch viel zu groß, als daß wir sagen sollten, daß die Weissagung Offenbarung Kapitel 18 und 19 ganz erfüllt seien, wenn man betrachtet, mit welch nachdrücklichen Worten an solchem Ort das von dem Heiligen Geiste beschrieben wird.

Die einmal aus Juden und Heiden gesammelte Kirche

Erfolgen nun diese beiden Stücke, so sehe ich nicht ein, wie daran gezweifelt werden könne, daß nicht die gesamte wahre Kirche werde in einen viel heiligeren und herrlicheren Stand gesetzt werde als sie ist. Denn wenn die Juden sollen bekehrt werden, dann muß entweder die wahre Kirche bereits in einem heiligeren Stande stehen als sie jetzt ist, so daß deren heiliger Wandel zugleich ein Mittel jener Bekehrung werde, jedenfalls kein Hindernis sei. Diese Behinderung, von der wir gesprochen haben, wird weggeräumt sein. Oder, wie auch Gott durch seine Kraft sie bekehrt, auf eine Art, die wir noch nicht voraussehen können, es ist dann auch zu bedenken, daß das Beispiel eines solchen neubekehrten Volkes nicht ohne eine merkliche Änderung und Besserung bei unseren Kirchen vor sich gehen wird (bei dem ohne Zweifel eben der Eifer sich zeigen wird, wie bei den ersten aus den Heiden bekehrten Christen zu sehen gewesen ist). So ist also zu hoffen, daß mit heiligem Eifer — gleichsam um die Wette — die gesamte aus Juden und Heiden versammelte Kirche Gott in einem Glauben und dessen reichen Früchten dienen und sich aneinander erbauen werde.

Vieles wird dazu beitragen

Das Ärgernis des antichristlichen Roms wird abgetan sein. Die jetzt unter dieser schweren Tyrannei leben und sich nach der Erlösung sehnen, ohne zu wissen, wohin sie sich wenden müßten, wie es vordem vor Luther gewesen war (von denen es hin und wieder einige sonderlich in Klöstern gibt), werden, frei von ihren Banden, mit Freuden zu der Freiheit des Evangeliums hingeführt werden, das in ihren Augen heller leuchten wird.
Wenn nun solches uns von Gott verheißen ist, so muß notwendig

auch die Erfüllung zu ihrer Zeit erfolgen. Denn nicht ein Wort des Herrn fällt auf Erden, das ohne Erfüllung bleiben soll. Wir hoffen auf solche Erfüllung. Und doch ist das nicht genug, bis dahin zu warten und mit jenen — die Salomo Narren heißt — über dem Wünschen zu sterben. Vielmehr liegt uns allen ob, daß wir nicht säumig sind, soviel zum Werk der Bekehrung der Juden und zur geistlichen Schwächung des Papsttums, aber auch zur Besserung unserer Kirchen beizutragen, als uns möglich ist. Und ob wir es auch nicht vor Augen sehen sollten!

Das in der Schrift Vorausgesagte wird sich erfüllen

Es besteht kein Zweifel, daß auch ohne uns, wir mögen uns dazu schicken, wie wir wollen, sich göttlicher Ratschluß verwirklicht. Das in der Schrift Offenbarte wird sich erfüllen. Doch sollen wir daran denken, was Mardochai seiner Base Esther sagen läßt (4, 14): *Wo du wirst zu dieser Zeit schweigen, so wird eine Hilfe und Errettung aus einem anderen Ort den Juden entstehen und du und deines Vaters Haus werdet umkommen.* Solches gilt auch uns. Wo wir, denen Gott durch den Dienst Luthers das helle Licht des Evangeliums wieder geschenkt worden ist, säumig sind, das zu tun, was unseres Amtes ist, so wird Gott anderweitig Hilfe schaffen und seine Ehre retten. Das aber geschieht nicht ohne schwere Strafe über unserer Saumseligkeit, wie wir ohnedies solches durch große Undankbarkeit tausendmal verschuldet haben, daß Gott solches Licht von uns nehme und damit zu anderen gehe.

Ich kann es nicht unterlassen, hier eine sehnsüchtige Klage des vortrefflichen und vor vielen anderen um die Wohlfahrt der Kirche einsichtigen Theologen Erasmus Sarcerius einzufügen, die er in seinem Buch über die Mittel und Wege, die rechte und wahre Religion zu befördern und zu erhalten (S. 344. a. f. b.), ausspricht. *Wo Gottes Wort fällt, da fällt zugleich die ganze rechte und wahre Religion. Wo die fällt, da kann und mag niemand selig werden. Nun will man unsere Sünden, unser ruchloses, gottloses, der Schande sicheres und bübisches Leben, ja Frevel und Mutwillen mit der Juden und unserer Vorfahren Missetaten vergleichen. Ich achte, wir werden dann nicht weit voneinander sein. Das ist meine Überzeugung, daß die rechte und wahre Religion bei unserem teuflischen, epikuräischen und sardanapalischen* [wüstes und unordentliches] *Leben nicht bei uns bleiben kann.*

Ein Jammer sind wir blinden und verstockten Deutschen

Ist das nicht ein Jammer, daß wir blinden und verstockten Deutschen die rechte und wahre Religion durch unseren Unverstand, durch unordentliches Leben verjagen? Niemand denkt daran, sich zu bessern. Sündigen ist etwas Menschliches. Doch der Teufel selbst will nicht leiden, daß man Sünde straft. Denn dort ist noch eine große Hoffnung vorhanden, wo man sündigt, aber doch willig ist, die Strafe dafür zu erleiden. Daraus muß ich schließen, es sei mit der rechten und wahren Religion in diesem Fall am besten gewesen.

Ich fürchte leider, daß das Evangelium nur mehr zum Zeugnis über uns, als zur Besserung noch gepredigt wird. Wie denn auch Christus gesagt hat, Matthäus 25: Das Evangelium wird in den letzten Tagen (denn von diesen letzten Zeiten redet er) *gepredigt werden zum Zeugnis.*

Wird Christus noch Glauben finden, wenn er wiederkommen wird?

Und es soll noch dahin gelangen, wie Christus weiter weissagt (wann der Sohn des Menschen kommen wird, ob er auch einen Glauben auf Erden finden wird), *daß niemand der Zucht und Disziplin achtet. Es geschieht dann — Gott erbarm — daß ein jeder uns arme Prediger lehren und schreien läßt: Tut Buße und bekehrt euch. Und doch tut gleichwohl ein jeder, was er will. Die Obrigkeit tut nichts zur Disziplin, die Untertanen wollen sie nicht. Etliche treue Prediger wollen sie gern aufrichten und ist ihnen das bei einem solchen zerrütteten und ruchlosen Leben nicht möglich. Noch müssen sie das Beste versuchen und darum die Sache nicht verloren geben. Es helfe dann, an wem es wolle. Nun, wie uns die rechte und wahre Religion angelegen ist, so denken wir auch auf Mittel und Wege, sie zu behalten. Ich weiß keinen Rat und ob ich ihn wüßte, so folget niemand nach. Ich muß für meine Augen erkennen und vielleicht auch noch erleben* (was ich doch nicht begehre), *daß die liebe Religion muß aus Ungnade Gottes von wegen unserer Sünden und Missetat wieder dahin und zu Boden gehen, wie sie aus Gottes Gnaden zu uns gekommen ist.*

Hat dieser liebe Mann schon vor mehr als hundert Jahren diese Sorge haben müssen, so haben wir, unter denen nichts gebessert worden ist, uns nicht weniger zu fürchten, weil der Zorn immer mehr und mehr aufgehäufet worden ist. Ob nicht wir verlassen und andere bekehrt werden? Wir haben genug Ursache, nicht sicher zu sein, sondern auf uns selbst acht zu geben und nichts zu versäumen, damit es doch mit unserer Kirche in einen anderen und besseren Stand gebracht werden möchte.

Die christliche Vollkommenheit und was darunter zu verstehen ist

Hier darf niemand meinen, wir beabsichtigen und suchten zuviel. Wir lebten doch nicht in republica Platonica [in einem utopischen Staat] und sei es nicht möglich, alles in solcher Vollkommenheit und nach der Regel zu haben. Daher sei die böse Beschaffenheit der Zeit mehr mit Erbarmung zu tragen als mit Unwillen zu beklagen. Wo man die Vollkommenheit suchen wolle, müsse man aus diesem Leben in jenes gehen. Dort würde man allein etwas Vollkommenes antreffen, eher aber sei nichts zu hoffen. Denen, die das einwenden, antworte ich: Zuerst, es ist nicht verboten, die Vollkommenheit zu suchen, im Gegenteil, wir werden dazu angetrieben. Wäre nicht zu wünschen, daß wir sie erlangten? Doch anderseits gestehe ich gern, daß wir es hier in diesem Leben nicht dazu bringen werden.

Von der Einbildung der Vollkommenheit weit entfernt

Je weiter ein Christ kommt, um so mehr sieht er, was ihm mangelt. Er wird von der Einbildung der Vollkommenheit dann weit entfernt sein, wenn er sich derselben am meisten befleißigt. Wir sehen doch auch, daß im allgemeinen diejenigen, die in ihren Studien am weitesten gekommen sind, sich viel weniger für gelehrt halten als andere, die erst ein halbes Jahr haben angefangen, in die Bücher zu sehen. Jene erkennen je länger je mehr, was zu der wahren Gelehrsamkeit gehört, was sie vorher noch nicht so verstanden haben. Man hat sich wirklich mehr um die zu sorgen, die glauben, vollkommen zu sein als um die anderen, die sich um sie bemüht und genug geplagt und abgearbeitet haben. Gewiß werden wir es in diesem Leben nimmermehr zu jenem Grad der Vollkommenheit bringen, daß nichts mehr hinzugetan werden könnte und sollte. Und doch sind wir verpflichtet, es zu einer gewissen Reife der Vollkommenheit zu bringen.

Es gilt für jeden Christen, was Paulus sagt, 2. Korinther 13, 11: *Zuletzt, lieben Brüder, freuet euch, seid vollkommen, und Vers 9: dasselbe wünschen wir auch euch, nämlich eure Vollkommenheit. Kolosser 1, 28: Wir verkündigen und vermahnen alle Menschen und lehren alle Menschen mit aller Weisheit, auf daß wir darstellen einen jeglichen Menschen, vollkommen in Christo Jesu: 2. Timotheus 3, 17. Daß ein Mensch Gottes sei vollkommen, zu allem guten Werk geschicht, Philipper 3, 15. Wie viele nun unser vollkommen sind, die lasset uns also gesinnet sein* (obwohl Paulus von einem höheren und hier unmöglichen Grad vorher Vers 16 sagt: *Nicht, daß ich's schon ergriffen habe oder vollkommen sei)*, also mögen auch wir sagen, daß es der ganzen Kirche gelte, daß sie mehr und mehr vollkommen werde und von allen, sowohl bei jedem einzelnen wahr werden sollte, was Paulus spricht Epheser 4, Vers 13. *Daß wir alle hinankommen, zu einerlei Glauben und Erkenntnis des Sohnes Gottes und ein vollkommener Mann werden, der da sei in dem Maß des vollkommenen Alters Christi.*

Immer werden Heuchler unter uns sein, aber die Kirche darf nicht schweigen bei offenbaren Ärgernissen

Wir erweitern aber solche Vollkommenheit, die wir von der Kirche verlangen, nicht dahin, daß kein einziger Heuchler mehr unter ihr sei. Wir wissen gar wohl, daß der Weizenacker niemals so rein angetroffen wird, daß sich nicht einiges Unkraut auf demselben befinde. Aber das meinen wir, daß die Kirche von offenbaren Ärgernissen frei sei und kein damit Behafteter ohne gebührende Ermahnung — und so gar einer Ausschließung — darinnen gelassen werde und die wahren Glieder derselben mit vielen Früchten reichlich erfüllt werden. Also, daß das Unkraut nicht mehr den Weizen bedecke und unscheinbar mache, wie es jetzt leider so oft geschieht, daß man solches nicht besonders wahrnimmt. Wollte man auch dieses für unmöglich halten, so führe ich ein Beispiel an, die erste christliche Kirche. Dort ist das möglich gewesen. Es bezeugen die Kirchenhistorien, daß die erste christliche Kirche in solchem seligen Zustand gewesen ist, daß man die Christen insgemein an ihrem gottseligen Leben gekannt und von anderen Leuten unterschieden habe.

Von der Kirche in den ersten Jahrhunderten

Denn so spricht Tertullianus: (*) *Was ist's, was wir vor anderen zum Kennzeichen an uns sehen lassen, wenn nicht die höchste Weisheit, indem wir eitle Werke des menschlichen Herzens nicht anbeten, die Genügsamkeit, indem wir anderen nicht nach dem Ihrigen trachten, die Zucht, da wir nicht gern mit den Augen verletzen, die Barmherzigkeit, damit wir uns zu den Bedürftigen wenden, die Wahrheit selbst, die andere nicht leiden mögen, die Freiheit, für welche wir auch gern sterben. Wer wissen will, was Christen sein sollen, der muß sie an solchen Merkmalen erkennen.* Wie wohl stand es damals! Ja, auch wie herrlich war es, wenn der liebe alte Ignatius (Epistel ad Eph.) sagen konnte, daß, *welche sich zu Christus bekannten, nicht nur aus dem, was sie sagten, sondern auch was sie taten, erkannt wurden.* Wie stattlich lautet es, wenn Eusebius (L. 4. H. E. c. 7.) sagen kann, *es sei zwar sonderlich durch der Ketzer böses Leben die christliche Kirche bei den Heiden in bösen Ruf gekommen. (*) Aber es sei die allgemeine Kirche, so allein die wahre und allezeit einerlei Art und Sinnes ist, stetig gewachsen und habe zugenommen, daß sie mit Ehrbarkeit, Redlichkeit, Freimütigkeit, Zucht, Reinigkeit des göttlichen Lebens und Weisheit allen so Griechen als Barbaren in die Augen geleuchtet.*

Von ihrer sittlichen Größe

Welche große Ehre bedeutete es, daß der schon zitierte Tertullian (c. 4 ad Scap.) und also gegen einen Feind und Landpfleger sich nicht scheute, im Namen der gesamten Kirche zu rühmen: *Das Vertraute verleugnen wir nicht, niemandem verletzen wir seine Ehe, mit den Waisen gehen wir gottesfürchtig um, die Mangel leiden erlaben wir, niemandem vergelten wir Böses mit Bösem.*

Also gedenkt auch Justinus (apol.), daß einige bekehrt worden sind durch die Redlichkeit und Gerechtigkeit der Christen in ihren Handlungen. Welch schönes Lob war es über die christlichen Frauen, daß Tatianus contra gentes [gegen die Heiden], als er den Heiden ihre Hurerei vorgeworfen hatte, sagen durfte: *Denn alle Frauen sind bei uns züchtig. So rühmt Origenes, daß die Lehre Jesu bei allen eine bewundernswürdige Sanftmut, Ehrbarkeit, Freundlichkeit, Gütigkeit, Versöhnlichkeit bewirkt habe, daß sie nicht wegen der Sorge dieses Lebens und anderer menschlicher Bedürfnisse, sondern von Herzen die Predigt von Gott, Christus und dem künftigen Gericht aufgenommen haben.*

Daher examinieren sie auch so sorgfältig vorher das Leben derjenigen, die sich zu ihnen begeben und stellen sie auf die Probe, ehe sie diese in die Kirche aufnehmen. Sie wollen erst sehen, daß sie ihr Leben würdig nach der Berufung, dazu sie berufen worden sind, führen würden.

Von ihrer Kirchenzucht

Solches bezeugt Origenes 8 contra Celsum. War dann doch jemand, der ein Ärgernis beging, so wurde mit solchem Ernst gegen ihn verfahren, daß man sich wundern muß, wie das zu einer Zeit, in der die Christen die Obrigkeit nicht auf ihrer Seite hatten, möglich gewesen ist, eine solch strenge Zucht und Disziplin unter sich festzuhalten. Die begangenen Fehler wurden von den Kirchenältesten, in deren Versammlungen der Bischof regierte, vorgenommen, erwogen und beurteilt, auch die Verbrecher nach Erwägung der Angelegenheit von der Gemeinde ausgeschlossen. Sie wurden auch nicht anders als nach zureichender Zusicherung der Besserung wieder aufgenommen. Damit bezeugte die Kirche, daß sie die Sünde ihrer Glieder nicht billigte, zugleich andere von gleichen Sünden abschrecken konnte und die Gefallenen besserte. Sie erkannten darum als Mitbrüder nur die an, die danach lebten. So sagt Justinus: Wenn man welche antrifft, die nicht so leben wie es gelehrt wird, so erweist sich das als ein klares Zeugnis dafür, daß sie keine Christen sind, auch wenn sie Christi Lehre mit der Zunge bekennen. So sollten die Kaiser durchaus diese, die nicht ein ihres Meisters gemäßes Leben führen und sich nur Christen nennen lassen, [bei Straffälligkeit den Gesetzen entsprechend] bestrafen.

Daher bekennt selbst Plinius, der Heide, in seinem bekannten Brief (Lib. 10 Epistel 97) an den Kaiser Trajan, daß er vergeblich einige Christen habe foltern lassen. Er habe nichts in Erfahrung bringen können an Lastern bei ihnen, nur daß sie sich ihrer von den Römern verworfenen Religion schuldig gemacht haben. Dieses Bekenntnis eines öffentlichen Gegners und dazu Richters ist von nicht geringer Wichtigkeit.

Ihre leuchtende Liebe zu Gott und untereinander

Liest man diese besonderen Beispiele herrlicher Tugenden, die an diesen oder jenen hervorleuchteten, so kann man dadurch nur im Innersten bewegt werden. Was war das für eine herzliche Liebe zu Gott, daß sie zum Zeugnis dafür zu den grausamsten Martern mehr eilten, als sich durch sie abschrecken zu lassen, wenn es um das Bekenntnis zu ihrem Heiland ging! Wie innig war die Liebe untereinander, da sie sich nicht nur mit dem lieben Namen Brüder und Schwestern anredeten, sondern auch recht brüderlich untereinander lebten. So war auch, wo es Not tat, jeder stetig bereit für den anderen zu sterben.

Wer Verlangen hat, von diesen Tatsachen und den hervorstechenden Tugenden der ersten Christen einige Zeugnisse nachzulesen, den weise ich auf die Schriften meines hochgelehrten Lehrers, des seligen D. Joh. Conrad Dannhauer, und meines sehr werten Freundes, meines einst zu Straßburg gewesenen Kommilitonen und nachmaligen Kollegens D. Baltasar Bebel.

Der Zustand der christlichen Kirchen in jener Zeit macht unser kaltes und laues Wesen ganz zuschanden. Er zeigt aber nicht nur dies, sondern daß es auch nicht unmöglich ist, das auch bei uns zu realisieren, wenn auch viele das nicht meinen. Es ist darum unsere Schuld, wenn ein solches Lob so fern von uns ist. Denn es ist ja der Heilige Geist, der vordem in solchen ersten Christen alles gewirkt hat. Er ist uns ja von Gott geschenkt und ist heutzutage nicht säumiger und unvermögender, das Werk der Heiligung in uns zu verrichten. So kann es allein die Ursache sein, daß wir ihm solches nicht bei uns zulassen, sondern ihn selbst hindern. Wir handeln also nicht vergeblich davon, wie doch alles in einen besseren Stand gebracht werden könnte.

Klüger als andere bin ich nicht mit meinen Vorschlägen

Nun erkenne ich gern meine Wenigkeit an, daß ich mich weder vermesse noch mir einbilde, daß ich vor anderen Dienern Gottes klüger bin in meinen Ratschlägen, wie diesem allgemeinen Übel abzuhelfen wäre. Ich finde täglich bei mir, was mir selbst mangelt. Darum wünsche ich von Grund meiner Seele, daß wie bisher, begabtere und mit mehr Licht, Verstand und Erfahrung ausgerüstete Männer sich der Sache mit Eifer annehmen, die Sachlage in der Furcht des Herrn bedenken, was sie etwa zu raten für notwendig befinden. Sie könnten es der gesamten christlichen evangelischen

Kirche vorlegen, sodann auf Mittel und Wege bedacht sein, wie durch Gottes Güte heilsame Ratschläge gefunden werden könnten, um ein heilsames Werk zuzurichten. Denn sonst ist alles Beratschlagen ein vergebliches Tun.

Diese Sache geht uns alle an, alle Christen, vor allem aber die, die der Herr zu Wächtern an den verschiedenen Plätzen der Kirche eingesetzt hat. Ihnen allen obliegt es, auf den Zustand der Kirchen zu sehen und wie ihnen zu helfen sei. Denn die Kirche ist doch ein solcher Leib, der an allen Orten einerlei Natur hat. Wenn er auch nicht überall mit der einen Krankheit behaftet ist, so ist er dieser Gefahr stetig unterworfen. So wird jeder, der bei seiner Gemeinde fleißig untersucht hat und auch erkannte, was zu ihrer Besserung dienlich ist, auch erkennen, wie auch anderen Gemeinden zu helfen sei, die das weniger beobachten.

Uns allen ist die Sorge für unsere Kirche auferlegt

Dazu ist, ohne daß es großer Erörterung bedarf, jeder Prediger verpflichtet. Darum habe ich mich auch erkühnt, hier zu Papier zu bringen, was ich und meine geliebten Amtsbrüder in den uns anvertrauten hiesigen Gemeinden beobachtet und an Mängeln verbessert haben, das alles nach dem Vermögen, das mir Gott verliehen hat. Es ist doch das, was ich im Nachdenken vor Gott und unter Anleitung der Schrift für nützlich und für notwendig erachte. Es ist mein Wunsch, daß es anderen, mehr erleuchteten und vermögenderen Männern ein Anlaß werden möchte, auch an ihrem Ort über dieses wichtige Werk nachzudenken und was an diesen Vorschlägen mangelhaft ist, zu ergänzen. Auch sollen sie, wo sie diese nicht für tunlich befinden, bessere an die Hand geben. Ich bin durchaus willig, zu weichen, wo man Besseres und Zuträgliches zeigen wird, was zur Erbauung dient. Ich werde für einen besseren Bericht nur Dank sagen. Denn das alles ist ja nicht unsere, sondern Gottes Sache. So steht es ihm frei, auch durch unscheinbare und vor der Welt verachtete Mittelpersonen solche Dinge vorzutragen, die er zu sagen beschlossen hat.

In diesem Vertrauen und mit der Bereitschaft, mich willig allen zu unterwerfen, die der Kirchen Bestes verkündigen, gebe ich meine Gedanken in dieser Sache kund, ohne vorgreifen zu wollen. Daß nur unserer gesamten Kirche auf folgende Weise vermittels göttlicher Gnade geholfen werde, um sie wiederum in einen herrlicheren Zustand zu haben, darum geht es. (Dabei führe ich nicht alle Mittel hier an, z. B. bei der Aufrichtung der Kirchenzucht. Davon hat, denn es handelt sich hier um eine Sache von höchster Wichtigkeit, der teure und eifrige Theologe Joh. Saubert selig in seinem nie genug zu lobenden Zuchtbüchlein zur Genüge gehandelt: Auferziehung der Jugend und dergleichen.)

III. Die Vorschläge Speners

1.

Das Wort Gottes ist reichlicher unter uns zu bringen

Daß man dahin bedacht wäre, *das Wort Gottes reichlicher unter uns zu bringen.* Wir wissen, daß wir von Natur nichts Gutes an uns haben, sondern soll etwas an uns sein, so muß es von Gott in uns gewirkt werden. Dazu ist das Wort das kräftige Mittel, denn der Glaube muß aus dem Evangelium entzündet werden. Das Gesetz aber, die Regel, gibt die guten Werke und viel herrlichen Antrieb, denselben nachzujagen. Je reichlicher also das Wort Gottes unter uns wohnen wird, je mehr werden wir des Glaubens Früchte zuwege bringen.

Nun sieht es aus, als ob das Wort Gottes reichlich genug unter uns wohne. An verschiedenen Orten (und zwar auch in hiesiger Stadt) wird es täglich — anderwärts gleichwohl öfters — von der Kanzel gepredigt. Wenn wir aber der Sache reiflich nachdenken, werden wir auch bei diesem Stück vieles finden, das noch mehr nötig sei. Ich verwerfe durchaus nicht die Predigten, die gehalten werden, wo man aus einem gewissen vorgelegten Text und dessen Erklärung die christliche Gemeinde unterrichtet. So trage ich es auch vor und verrichte es. Aber ich finde nicht, daß dies genug sei.

Der Predigtgottesdienst genügt nicht mehr allein, um die Schrift bekannt zu machen

Zuerst: Wir wissen, daß alle Schrift von Gott eingegeben ist, nützlich zur Lehre, zur Strafe, zur Besserung, zur Züchtigung in der Gerechtigkeit. 2. Timotheus 3. Daher sollte alle Schrift ohne Ausnahme der Gemeinde bekannt sein [d. h. nicht nur die vorgeschriebenen Predigttexte des Kirchenjahres, die sich immer wiederholen], um den nötigen Nutzen zu haben. Denn wenn man alle die Texte, die in vielen Jahren nacheinander an einem Ort der Gemeinde vorgetragen werden, zusammennimmt, so wird es nur ein recht geringer Teil der uns vorgelegten Heiligen Schrift sein. Das andere hört die Gemeinde gar nicht oder nur den einen oder anderen Spruch oder sonsten Allegata [was sonst ausgewählt worden ist], die für die Predigt herangezogen werden. Auch dabei vernimmt man keine großen Teile [der nicht behandelten Texte].

Zweitens haben die Leute wenig Gelegenheit, den Sinn der Schrift anders zu fassen als nach den Texten, die ihnen etwas ausgelegt werden. Noch weniger Gelegenheit finden sie, sich darin so viel zu üben, als die Erbauung erfordert. Gewiß lesen einige zu Haus die Schrift, was an sich herrlich und löblich ist. Aber das mag doch nicht bei allen genug zu tun.

Daher ist zu überlegen, ob nicht der Kirche wohl geraten wäre, wenn neben den gewöhnlichen Predigten über die verordneten Texte auch noch auf eine andere Weise die Leute weiter in die Schrift geführt würden.

Jeder soll die Schrift selbst in die Hand nehmen

1. *Mit fleißiger Lesung der Schrift selbst,* sonderlich aber des Neuen Testamentes. Das ist ja nicht schwierig, daß jeder Hausvater seine Bibel oder wenigstens sein Neues Testamen bei der Hand habe und täglich etwas in solchem lese oder wenn er des Lesens unerfahren, sich von anderen vorlesen lasse. Wie nötig und nützlich solches allen Christen in allen Ständen sei, hat stattlich und kräftig im vergangenen Jahrhundert Andereas Hyperius dargetan. Seine zwei Bücher von dieser Sache hat bald danach G. Nigrinus verdeutscht. Nachdem das Werklein aber fast unbekannt geworden ist, hat neulich Herr D. Elias Veyel, mein wertester einstmaliger Kommilitone in Straßburg und in Christus geliebter Bruder durch eine nochmalige Auflage den Leuten wiederum bekannt gemacht.

Gemeindeveranstaltungen, um die Bibel kennenzulernen

2. Neben dem, daß also die Leute zur privaten Lektüre angetrieben werden, wäre ratsam: Wo man es einführen könnte, daß zu gewissen Zeiten in öffentlicher Gemeinde die biblischen Bücher nacheinander ohne weitere Erklärung verlesen würden. Es wäre zu erwägen, daß man kurze Summarien [Zusammenfassungen] dazu tun wollte. Das diente zu aller, vornehmlich aber derjenigen Erbauung, welche gar nicht oder nicht bequem und wohl lesen können oder auch die Bibel nicht zu eigen hätten.

Wiedereinführung der alten apostolischen Art der Kirchenversammlungen

3. Sollte auch (was ich zum reiflichen Nachdenken übergebe) vielleicht nicht undienlich sein, daß wir wiederum die alte apostolische Art der Kirchenversammlungen in Gang brächten: Also daß neben unseren gewöhnlichen Predigten [Gottesdiensten] auch andere Versammlungen gehalten würden, auf die Art, wie sie Paulus 1. Korinther 14 beschreibt, wo nicht einer allein auftritt zu lehren (welches ja bleibt an anderer Stelle), sondern auch andere mit dazu reden, die mit Gaben und Erkenntnis begnadet sind. Gewiß ohne Unordnung und Streitigkeiten sollen doch auch sie ihre gottseligen Gedanken über die vorgelegten Materien vortragen und die anderen darüber ihre Urteile abgeben. Das soll alles in der rechten, geordneten Art geschehen. Zu gewissen Zeiten könnten verschiedene aus dem Predigtamt (nämlich an Orten, da mehrere nebeneinander bestehen) oder unter der Anleitung des Predigers andere,

mehr aus der Gemeinde, die von Gott mit ausreichender Erkenntnis begabt oder in ihr zuzunehmen begierig sind, zusammenkommen. Sie nehmen dann die Heilige Schrift vor, lesen daraus öffentlich vor und unterreden sich brüderlich untereinander über jegliche Stelle derselben auf schlichte Weise und was an ihr zu unserer Erbauung dienlich wäre. Es könnte dann auch jeder, der die Sache nicht genug versteht, seine Dubia [Zweifel] vortragen und ihre Erläuterung erbitten. Dann hätten diejenigen, die weitergekommen sind, einschließlich der Prediger, ihre Auslegung bei der Stelle beizubringen. Was dabei der Meinung der Heiligen Schrift gemäß sei, würde dann vor den übrigen, sonderlich von den berufenen Lehrern, geprüft und damit die ganze Versammlung erbaut.

Die Leitung sollen die Pfarrer haben

Es müßte aber alles in rechter Absicht auf Gottes Ehre und das geistliche Wachstum, daher in diesen Schranken, eingerichtet werden. Wo sich hingegen Vorlautes, Zanksucht, Ehrsucht und dergleichen einschleichen sollte, muß es verhütet werden. Hier sollte es sorgfältig von den Predigern, die die Direktion dabei behalten, abgeschnitten werden. Daraus wäre nicht geringer Nutzen zu erhoffen.

Die Prediger selbst lernten ihre Zuhörer, ihre Schwachheiten oder ihr Zunehmen in der Lehre der Gottseligkeit kennen. Auch würde ein für beide Teile zum Besten dienendes Vertrauen zwischen ihnen gestiftet werden. Dazu hätten die Zuhörer eine ausgezeichnete Gelegenheit, ihren Fleiß über dem Wort Gottes zu üben und sich dazu aufzumuntern, ihre vorhandenen Skrupel bescheiden vorzutragen und die Beantwortung anzuhören. Denn sie nehmen sich doch sonst kaum das Herz, sie auszusprechen. So wachsen sie selbst dabei innerlich und werden tüchtiger, in ihrer Hauskirche Kinder und Gesinde besser zu unterrichten. Weil solche Gelegenheiten fehlen, werden die Predigten, wo einer allein in stets fließender Rede seinen Vortrag tut, nicht eben allemal so recht und genügend gefaßt. Es ist keine Zeit dazwischen, der Sache nachzudenken oder wenn man dem nachdenkt, entgeht einem das Folgende (was bei dergleichen Unterredung nicht geschieht).

Dann kann er auch bei der Privat- und Hauslektion, wo der Gottesdienstbesucher niemanden dabei hat, der ihm den Sinn und die Absicht jeglicher Schriftstelle mit zeigen hilft, dem, der da liest, das, was er gern verstehen möchte, erläutern. Hingegen würde, was an beiden mangelt, durch solche Übungen ersetzt werden und weder dem Predigtamt noch den Zuhörern große Arbeit gemacht werden. Es geschieht dann aber manches zur Erfüllung der Ermahnung des Apostel Paulus, der da sagt Kolosser 3, 16: *Lasset das Wort Christi unter euch reichlich wohnen in aller Weisheit. Lehret und vermahnet euch selbst mit Psalmen und Lobgesängen und geistlichen lieblichen Liedern.* Das möchte auch bei diesen Versammlungen zum Lobe Gottes und zur Aufmunterung gebracht werden.

Nichts ist notwendiger, als miteinander Gottes Wort zu studieren in Rede und Gegenrede

Eins ist gewiß, daß die fleißige Beschäftigung mit dem Worte Gottes (die nicht nur im Anhören der Predigt besteht, sondern auch im Lesen, Betrachten und davon sich unterreden — Psalm 1, 2 — in sich fasset) das vornehmste Mittel sein muß, um etwas zu bessern, es geschehe nun durch dergleichen oder andere noch anzuzeigende Veranstaltungen. Denn dasselbe bleibt der Same, aus dem alles Gute bei uns herwachsen muß. Und werden wir die Leute zu einem Eifer bringen, darin fleißig zu sein und in solchem Buch des Lebens ihre Freude zu suchen, wird das geistliche Leben bei ihnen herrlich gestärkt, und sie werden zu ganz anderen Leuten werden.

Luthers Wunsch

Und was hat doch unser seliger Luther eifriger gesucht als die Leute zu der fleißigen Lesung der Schrift anzureizen? Soweit ging das, daß er auch fast Bedenken trug, seine Bücher ausgehen zu lassen, damit die Leute nicht dadurch zur Lesung der Schrift selbst träger möchten gemacht werden. Seine Worte lauten — Tom. I Altenb. fol. 6. a.: *Gern hätte ich gesehen, daß meine Bücher allesamt wären dahinten geblieben und untergegangen. Es ist unter anderen Ursachen eine, daß mir graut vor dem Exempel. Denn ich sehe wohl, was für ein Nutzen in der Kirche geschafft ist, als man außer und neben der Schrift angefangen hat, viele Bücher und große Bibliotheken zu sammeln, besonders ohne allen Unterschied allerlei Väter, Concilia und Lehre aufzuraffen. Damit nicht allein die edle Zeit und Studieren in der Schrift versäumt, sondern auch die reine Erkenntnis göttlichen Wortes endlich verloren ist. Auch ist das unsere Meinung gewesen, da wir die Biblia selbst zu verdeutschen anfingen, daß wir hofften, es sollte des Schreibens weniger und des Studierens und Lesens in der Schrift mehr werden. Denn auch alles andere Schreiben in und zu der Schrift weisen soll. Denn so gut werden weder Concilia, Väter, noch was wir machen, wenn aufs Höchste und Beste geraten kann, als die Heilige Schrift, die Gott selbst gemacht hat. Wer meine Bücher in dieser Zeit je haben will, der lasse sie ihm beileibe nicht sein ein Hindernis, die Schrift selbst zu studieren usw.* Darüber ist auch anderwertig bei bei ihm zu finden.

Das ist doch eins der vornehmsten bösen Stücke in dem Papsttum gewesen, durch das die päpstliche stats ration [Staatsräson: Grundsatz für das staatliche Handeln im Sinne des Machtstandpunktes, um alle Macht ohne Rücksicht auf Bedenken zur Selbsterhaltung einzusetzen] sich befestigte, die Leute in Unwissenheit und also in völliger Gewalt über ihre Gewissen zu behalten, daß sie diese von der Lesung der Schrift abgehalten haben und noch vermögen abzuhalten. Das ist doch ein Hauptzweck dagegen der Reformation gewesen, die Leute zu dem Worte Gottes, das fast unter der Bank versteckt gelegen ist, wiederum zu bringen. Das ist das kräftigste Mittel gewesen, wodurch Gott sein Werk gesegnet hat. Also wird auch eben dieses das vornehmste Mittel sein, das die Kirche bedarf, um in besseren Stand zu kommen, daß der Ekel vor der Schrift, der bei vielen ist oder die Nachlässigkeit, in ihr zu studieren, abgetan und hingegen herzlicher Eifer zu ihr erweckt wird.

2.
Aufrichtung und fleißige Übung des geistlichen Priestertums

Neben dem würde unser oft erwähnter D. Luther noch ein anders Mittel vorschlagen, das mit dem vorhergehenden sich vereinbart. Das soll das zweite sein: *die Aufrichtung und fleißige Übung des geistlichen Priestertums.* Niemand wird sein, der etwas fleißig in Luthers Schriften gelesen hat, der nicht beobachtet haben sollte, mit welchem Ernst der selige Mann solches geistliche Priestertum getrieben hat. Da ja nicht nur der Prediger, sondern alle Christen von ihrem Erlöser zu Priestern gemacht, mit dem Heiligen Geist gesalbt und zu geistlichen priesterlichen Verrichtungen gewidmet sind. Denn 1. Petrus 2, 9 redet nicht mit den Predigern allein, wo er sagt: *Ihr aber seid das auserwählte Geschlecht, das königliche Priesterum, das heilige Volk, das Volk des Eigentums, daß ihr verkündigen sollt die Tugenden des, der euch berufen hat von der Finsternis zu seinem wunderbaren Licht.* Wer ausführlich solches unseres Lehrers Meinung hiervor und was die priesterlichen Ämter seien, vernehmen und lesen will, der lese seine Schrift an die Böhmen, *wie man die Diener der Kirche wählen und einsetzen soll.* Das befindet sich in Tom. 2. Altenb., vornehmlich von Blatt 501 ff. Da wird er sehen, wie stattlich erwiesen sei, daß allen Christen insgesamt ohne Unterschied alle geistlichen Ämter zustehen, obwohl deren ordentliche und öffentliche Verrichtung den dazu bestellten Dienern befohlen ist. Doch im Notfall können sie auch von anderen verrichtet werden. Was aber nicht zu den öffentlichen Verrichtungen gehört, soll immerfort zu Hause und in dem alltäglichen Leben von allen getrieben werden.

Das Papsttum hat die Laien entmündigt

Denn dieses ist eine sonderbare List des leidigen Teufels gewesen, daß er es im Papsttum dahin gebracht hat, daß er alle solche geistlichen Ämter allein der Klerisei zugewiesen und die übrigen Christen davon ausgeschlossen hat. (So ist auch der Klerisei hochmütigerweise allein der Namen eines Geistlichen, so allen Christen in der Tat gemeinsam ist, zugemessen worden.) Es sieht dann so aus, als ob die übrigen Christen nicht mit zu denen gehören, die in dem Wort des Herrn fleißig zu studieren, viel weniger andere neben sich zu unterrichten, zu vermahnen, zu strafen, zu trösten und das privat zu tun haben, was zu dem Kirchendienst öffentlich gehört, als wären solches lauter Dinge, die an ihrem [Priester] Amt allein hingen.

Die Laien sind träge geworden

Damit haben sie zuerst die sogenannten Laien in dem, was sie billig mit angehen sollte, träge gemacht. Daraus ist eine schreckliche Unwissenheit und aus derselben wildes Wesen entstanden. Dagegen konnten die sogenannten Geistlichen tun, was sie wollten. Es konnte ihnen ja niemand in die Karte sehen oder die geringste Einrede tun. Daher ist dieses angemaßte Monopol des geistlichen Standes nächst oben angedeuteter Abhaltung [der Laien] von der Schrift im Papsttum eines der wichtigsten Mittel, womit das päpstliche Rom seine Gewalt über die armen Christen versteift hat und wo es noch Raum hat, bisher erhält.

So konnte ihm auch nicht weher geschehen als was im Gegenteil von Luther gezeigt wurde, wie zu den geistlichen Ämtern (nicht zu deren öffentlicher Verwaltung, dazu die Abordnung der im gleichen Recht stehenden Gemeinde gehört) alle Christen berufen sind. Sie sind dazu nicht nur befugt, sondern wollen sie wirklich Christen sein, auch verpflichtet, sich dessen anzunehmen.

Denn jeder Christ ist dazu angehalten, nicht nur selbst für sich und die Seinen Gebet, Danksagung, gutes Werk, Almosen usw. zu opfern, sondern in dem Wort des Herrn emsig zu studieren, andere, vor allem seine Hausgenossen nach der Gnade, die ihm verliehen ist, zu lehren, zu strafen, zu ermahnen, zu bekehren, zu erbauen, ihr Leben zu beobachten, für alle zu beten und für ihre Seligkeit nach Möglichkeit zu sorgen. Wo dieses den Leuten erstlich gewiesen wird, so wird damit jeglicher so viel mehr auf sich acht geben und sich dessen befleißigen, was zu seiner und des Mitmenschen Erbauung gehört. Hingegen macht dies sicher und träg, wo solche Lehre nicht bekannt und getrieben wird. Dann denkt niemand daran, daß es ihn angehe. Jeglicher bildet sich dann ein, daß wie er selbst zu seinem Amt, Handel oder Handwerk und dergleichen berufen ist, so ist der Pfarrer, der dazu nicht berufen ist, und solches nicht treibt, dafür allein berufen zu geistlichen Verrichtungen, das Wort Gottes zu treiben, zu beten, zu studieren, zu vermahnen, zu trösten, zu strafen usw. Andere hätten sich nichts darum zu kümmern, ja sie würden dem Pfarrer in sein Amt greifen, wenn sie damit umgingen, geschweige denn, daß sie auch selbst auf den Pfarrer mit acht geben sollten und wo er säumig ist, ihn selbst brüderlich zu vermahnen, insgesamt ihm aber in allem diesen an die Hand zu gehen hätten.

Die Größe und Grenze, die Unentbehrlichkeit und Würde des Amtes am Wort treten heller hervor

Denn durch den ordentlichen Gebrauch dieses Priestertums wird dem Predigtamt kein Eintrag getan. Das ist im Gegenteil eines der Hauptursachen, warum das Predigtamt nicht alles das, was es billig darstellen sollte, ausrichten kann und ins Werk setzen, weil es ohne die Hilfe des allgemeinen Priestertums zu schwach und ein Mann nicht genug ist, bei so vielen, die seiner Seelsorge anvertraut sind, das auszurichten, was zur Erbauung nötig ist. Wo jedoch die Priester ihr Amt tun, da hat der Prediger als ihr Direktor und ältester Bruder eine stattliche Hilfe in seinem Amt und dessen so öffentlichen und besonderen Verrichtungen und wird ihm die Last nicht zu schwer.

Nach Luthers Tod ist weithin vergessen worden der priesterliche Dienst der Laien und ihr fleißiges Bibelstudium

Darüber wäre nun weiter nachzudenken, wie nicht nur solche Materie den Leuten bekannter gemacht werden könnte, die nach Luthers Zeiten nicht mehr viel getrieben worden ist. (Dazu wären Herrn Joh. Vielitz gottselige Predigten sehr dienlich.) Es muß auch erwogen werden, wie die Sache in bessere Übung gebracht werden könnte. Dazu tut nicht wenig mein erster Vorschlag einer Übung, die in die Schrift und in ihr Verständnis einführt. Nach meiner Überzeugung würde etwas Großes getan und gewonnen werden und die Kirche merklich gebessert werden, wenn jede Gemeinde zu diesen beiden Stücken gebracht werden möchte, nämlich zum fleißigeren Bibelstudium und zu ihren priesterlichen Pflichten, vornehmlich zur brüderlichen Vermahnung und Bestrafung. (Sie ist ja fast ganz unter uns erloschen, sollte aber doch ernst getrieben werden und wo sie deswegen etwa leiden müssen, nach Kräften von den Predigern geschützt werden.)

3.

Das Christentum besteht nicht im Wissen, sondern in der Tat

Zu diesen Stücken gehört auch drittens, daß man den Leuten wohl beibringen und sie bald daran gewöhne, zu glauben, daß es mit dem Wissen im Christentum durchaus nicht genug sei, sondern es vielmehr in der Praktizierung bestehe. Hat nicht unser lieber Heiland zum öfteren uns die Liebe als das rechte Kennzeichen seiner Jünger anbefohlen: Johannes 14, 34. 35; Kapitel 15, 12; 1. Johannes 3, 10. 18; Kapitel 4, 7. 8. 11. 12. 13. 21. Daher auch der liebe Johannes in seinem hohen Alter nichts mehr zu sagen pflegte zu seinen Jüngern als: *Kindlein liebet euch untereinander* (nach dem Zeugnis des Hieronymus in Epist. ad Gal. L. 3. c. 6.) so sehr, daß seine Jünger und Zuhörer endlich verdrießlich wurden, immer einerlei zu hören. So fragten sie ihn, warum er allezeit ihnen einerlei vorspreche. Sie bekamen zur Antwort: *Es ist der Befehl des Herrn, und so der geschieht, ist's genug.* Gewiß besteht eines gläubigen und durch den Glauben seligen Menschen sein ganzes Leben und die Erfüllung der göttlichen Gebote in der Liebe.

Es ist fast alles, was wir verlangen, ausgerichtet, wenn wir eine inbrünstige Liebe unter unseren Christen erstlich gegen einander, dann gegen alle Menschen erwecken und in die Übung bringen können (beides, die brüderliche und die allgemeine Liebe müssen aufeinander folgen: 2. Petrus 1, 7).

Keine Gelegenheit versäumen, dem Nächsten Gutes zu tun

Denn darin besteht alles Gebot = Römer 13, 9. Danach wäre den Leuten das nicht nur fleißig zu sagen, die Vortrefflichkeit der Liebe zum Nächsten und hingegen die große Gefährlichkeit und der Schaden einer entgegenstehenden Eigenliebe nachdrücklich vor Augen zu stellen. Wenn wir es in die Übung bringen können, so ist fast alles, was wir verlangen, ausgerichtet. (Das ist vor allem von dem geistreichen Johann Arnd in seinem Wahren Christentum 4/2. vom 22. Kapitel und in den folgenden schön ausgeführt worden.) Man soll sich daran gewöhnen, nicht leicht eine Gelegenheit außer acht zu lassen, wo man dem Nächsten eine Liebestat erweisen könnte. Und doch ist dabei zugleich das eigene Herz fleißig zu durchforschen, ob auch das aus wahrer Liebe gewirkt oder andere Absichten damit verbunden worden sind. Wo Christen beleidigt worden sind, sollten sie sonderlich auf sich acht geben, nicht nur aller Rache sich zu enthalten, sondern eher auf ihr gutes Recht zu verzichten und in seiner Verfolgung nachzulassen. Und das aus Sorge, ihr Herz möchte sie betrügen und etwas von feindseligen Gefühlen sich einmischen. Ja, mit Fleiß sollten sie Gelegenheit suchen, dem Feinde Gutes zu tun, schon damit dem sonst zur Rache geneigten Adam in solcher Zähmung wehe geschehe, hingegen die Liebe tiefer in das Herz gedrückt werde.

Das dient auch insgesamt dem Wachstum im Christenstand, wenn diejenigen, denen nun eifriger vorgehalten wird, in den Wegen des Herrn zu gehen, in vertraulicher Freundschaft mit ihrem Beichtvater stehen oder auch mit einem anderen verständigen, erleuchteten Christen und demselben immer Rechenschaft geben, wie sie leben, wo sie Gelegenheit gehabt haben, Liebe zu üben, wie sie sich verhalten oder was sie verabsäumt haben. Und darum allemal von dem Beichtvater Rat und Unterweisung besitzen, nachdem sie erforscht haben, was ihnen noch mangelt und wie sie die Sache anzugehen haben. Und wo es zweifelhaft erscheint, ob sie dieses oder jenes ihrem Nächsten an Liebe schuldig seien oder nicht, daß sie allemal lieber dahingehen, es zu tun als zu unterlassen.

4.
Wie wir uns in Religionsstreitigkeiten zu verhalten haben

Hierzu haben wir 4. auch dieses zu setzen, daß wir genau acht auf uns geben sollen, wie wir uns wegen der Religionsstreitigkeiten und gegen diejenigen, die allerdings Ungläubige oder Falschgläubige sind, zu verhalten haben. Denn wir sollen vor allen Dingen uns dazu befleißigen, uns selbst und die Unsrigen, auch die übrigen Glaubensbrüder, in der erkannten Wahrheit zu bekräftigen, zu stärken und vor aller Verführung mit großer Sorgfalt zu verwahren. Hernach haben wir uns auch unserer Pflicht Irrenden gegenüber zu erinnern.

Das Gebet für die Irrenden

Deshalb sind wir nun schuldig 1. zu eifrigem Gebet, daß sie der grundgütige Gott auch mit dem Licht, mit dem er uns begnadigt hat, gleichfalls erleuchte und zu der reinen Wahrheit führe, ihnen alle Gelegenheit dazu gebe, ihre Herzen zuzubereiten und das kräftig werden zu lassen, was sie von der wahren Erkenntnis des Heils in Christus noch besitzen, wenn ihre gefährlichen Irrtümer ihnen zerstört worden sind. So mögen sie zuletzt noch wie ein Brand aus dem Feuer errettet werden. Denn das ist die Kraft der drei ersten Bitten, daß Gott seinen Namen an ihnen geheiligt, sein Reich zu ihnen gebracht und seinen gnädigen Willen an und in ihnen vollbracht werden lassen wolle.

Das gute Vorbild

2. Zum zweiten haben wir ihnen mit gutem Beispiel voranzugehen und uns aufs eifrigste zu hüten, daß wir sie in nichts ärgern, um ihre bösen Einbildungen von unserer wahren Lehre und daher ihre Bekehrung nicht schwerer zu machen.

Ihre Irrtümer sollen wir ihnen zeigen

3. Zum dritten soll auch sein, wo Gott uns die dazu dienlichen Gaben gegeben und wir auch Gelegenheit hoffen gefunden zu haben, sie zu gewinnen, daß wir dann auch gern das unsrige tun, mit bescheidener und nachdrücklicher Vorstellung unserer Wahrheit, die wir bekennen, zu zeigen, wie sie so gar in der Einfalt der Lehre Christi begründet sei. Dann können wir auf behutsame und doch

deutliche Weise sie ihrer Irrtümer überführen, daß sie wider göttliches Gebot streiten und welche Gefahr sie nach sich ziehen. Aber alles auf die Art, daß solche Leute, mit denen man spricht, es selbst sehen können, daß man alles aus herzlicher Liebe gegen sie tue, ohne fleischliche und unziemliche Leidenschaften und wo man von einer Heftigkeit je übereilt wird, daß solches alles aus reinem Eifer für die göttliche Ehre geschehe. Vor allem hat man sich vor Scheltworten und persönlichen Anzüglichkeiten zu hüten, welche so schnell alles niederreißen, von dem man gemeint hat, Gutes gebaut zu haben. Sehen wir, daß wir dadurch vorwärts gekommen sind, so hat man den Erfolg, auch mit anderer Unterstützung, noch eifriger weiterzuführen. Sieht man aber, daß der andere von seinen vorgefaßten Meinungen so eingenommen ist, daß er diesmal unseren Vorbehalt nicht begreifen kann, obwohl man bei ihm ein Gemüt entdeckt, das gern Gott dienen wollte, so soll man sie ermahnen, daß sie wenigstens von der angehörten Wahrheit nicht übel reden noch sie verlästern, die Sache aber in der Furcht des Herrn und mit herzlichem Gebet ferner bedenken.
Indessen sollen sie ihrem Gott nach denjenigen praktischen Prinzipien und Lebensregeln, die wir, die wir den christlichen Namen tragen, noch unter uns gemeinsam haben, eifrig dienen und in der Wahrheit zuzunehmen trachten.

Vor allem aber herzliche Liebe erweisen

4. Dazu und ganz allgemein soll gegen alle Ungläubigen und Irrenden kommen die Übung herzlicher Liebe, daß wir zwar nicht willens sind, ihren Un- und Irrglauben mit fortzupflanzen, vielmehr mit Eifer uns ihm widersetzen, aber in den anderen Dingen, welche zum menschlichen Leben gehören, zeigen, daß wir sie (wenn auch nicht der Wiedergeburt nach) für unsere nächsten Brüder erkennen und so auch mit solchem Herzen gegen sie gesinnt sind, wie wir den Befehl haben, sie wie uns selbst zu lieben (wie der Samariter als des Juden Nächster von Christus — Lukas 10 — vorgestellt wird). Und das geschieht aus dem Recht der allgemeinen Schöpfung und aus der auf alle sich erstreckenden göttlichen Liebe. Denn das ist ein fleischlicher und für die Bekehrung solcher Leute schädlicher Eifer, wenn man einem Ungläubigen oder Irrenden um seiner Religion willen Schimpf oder Leid antut, da doch der rechtmäßige Haß [Abscheu] vor seiner Religion die der Person schuldige Liebe weder aufheben noch schwächen solle.

Einer der ersten Schritte auf dem Weg zur Wiedervereinigung der Kirchen

Wenn wir eine gewisse Hoffnung auf die Wiedervereinigung der verschiedenen, wenigstens der meisten Religionen [Kirchen] unter

den Christen haben, so mag das vielleicht der nächste und von Gott gesegnetste Weg sein, daß wir sie nicht auf die Streitgespräche miteinander setzen. Denn bei so viel mehr fleischlichem als geistlichem Eifer, der die Gemüter erfüllt, bleiben die Disputationen fruchtlos. Wohl muß die Verteidigung der reinen Wahrheit, bei der das Disputieren ein Teil ist, in den Kirchen erhalten bleiben wie auch andere zu ihrer Erbauung verordnete Handlungen. Hier stehen uns Christus — die Apostel und deren Nachfolger zum geheiligten Vorbild vor Augen — die auch Streitgespräche geführt haben, die Irrtümer kräftig widerlegt und die Wahrheit beschützt haben. Es würde die christliche Kirche in die größte Gefahr stürzen, wenn sie diesen notwendigen Gebrauch des geistlichen Schwertes, des göttlichen Wortes, wegwerfen wollte.
Aber ich bleibe bei dem von unserem seligen Johann Arnd erwiesenen Satz nichts destoweniger: Wahres Christentum I/39. *Daß die Lauterkeit der Lehre und des göttlichen Wortes nicht allein durch Disputieren und mit vielen Büchern erhalten werde, sondern auch mit wahrer Buße und heiligem Leben.* Zu dieser Erkenntnis gehören bei Johann Arnds Wahrem Christentum auch I/35, 36, die beiden vorangehenden Kapitel: *Wer Christus mit Glauben, heiligem Leben und stetiger Buße nicht folgt, der kann von der Blindheit seines Herzens nicht erlöst werden, sondern muß in der ewigen Finsternis bleiben: Er kann auch Christus nicht recht erkennen, noch Gemeinschaft und Teil an ihm haben. Und: das unchristliche Leben ist eine Ursache falscher, verführerischer Lehre, der Verstockung und. Verblendung.*

Streitgespräche können die Herzen verderben

1. So achte ich, daß nicht alles Disputieren nützlich und gut ist, denn es heißt zuweilen von manchem [Streitgespräch], wie unser seliger Luther sagte (*): *Nicht durch Lehren, sondern durch viel Disputieren wird die Wahrheit verloren. Denn dieses Böse bringen die Disputationen mit sich, daß die Gemüter dadurch verdorben werden und wenn sie mit dem Gezänk zu tun haben, versäumen sie darüber, was sie vornehmlich treiben sollten und was das wichtigste ist* (WA 40, 3, 361 zu Psalm 130, 5: Vorlesung über die Stufenpsalmen 1532/33).
Ach wie oft sind die Disputierenden selbst Leute ohne Geist und Glauben, mit fleischlicher Weisheit erfüllt, gewiß aus der Schrift, aber von Gott nicht gelehrt. So möchte ich fragen! (Denn alle Wissenschaft, die wir mit unseren eigenen natürlichen Kräften und durch bloßen menschlichen Fleiß, ohne das Licht des Heiligen Geistes, aus der Schrift fassen, ist eine fleischliche Weisheit oder wir müßten sagen, daß die Vernunft der göttlichen Weisheit fähig sei?) Was ist dann von solchen zu hoffen? Wie oft bringt man fremdes

Feuer in das Heiligtum des Herrn, das eine fremde Absicht, nicht Gottes, sondern die eigene Ehre damit verbindet. Solche Opfer gefallen Gott nicht. Sie ziehen vielmehr seinen Fluch herbei. Mit solchem Disputieren wird nichts ausgerichtet. Wie oft will man nur das festhalten, was man selbst aufgestellt hat, den Ruhm eines subtilen Verstandes und die Scharfsinnigkeit, die Überwindung des Gegners. Wie das dann auch geschehen mag, es geht nicht um die Untersuchung und Erhaltung der Wahrheit.
Dadurch wird der Widersacher so verärgert, auch wenn er keine Erwiderung weiß, daß ihn diese ganze Art, wie man gegen ihn vorgeht, die fleischlichen Leidenschaften, die er dahinter verspürt, die gehörten Schmähworte usw., daß es alle erhoffte Bekehrung hindert. Sollte man viele der bisherigen Streitgespräche untersuchen, so würde man bald diesen, bald jenen Mangel finden. Es ist zu verstehen, daß dieser Mißbrauch daran schuld ist, daß vielen das Disputieren dermaßen zuwider ist, daß sie einen unsachlichen Haß dagegen eingenommen und dem Disputieren beimessen wollen.
So ist also nicht alles Disputieren zu loben und nützlich.

Wir wollen Menschen zurechthelfen auf jede Weise

2. *Das rechte Disputieren ist also nicht das einzige Mittel, die Wahrheit zu erhalten. Es fordert andere neben sich.* Gott wird dazu seinen Segen nicht geben, noch ihn erhalten, wenn man es nicht allein dabei bleiben lassen will, daß der einzige Zweck aller Gespräche die Rettung der wahren Lehre von falschen Meinungen und deren Widerlegung sei. Der menschliche Verstand soll erkennen, daß der verteidigte Lehrsatz dem göttlichen Wort gemäß sei, daß andere ihm entgegen sind. Darum geht es. (Es geschieht aber fast immer, daß man viele zum Luthertum gewinnen will und läßt es sich nicht ferner angelegen sein, daß sie wahre Kern-Christen würden und daher das wahre Bekenntnis zu einem Eingang, zu einem Weg werde, auf dem man Gott künftig eifriger dienen wolle.)
Soll Gottes Ehre recht befördert werden, dann liegt alles daran, daß man zur rechten Bekehrung hinführt und die gerettete Wahrheit zur Dankbarkeit und zu einem heiligen Gehorsam Gott gegenüber führe. Denn ein intellektueller Sieg und das Überzeugtsein von einer Wahrheit ist bei weitem noch nicht der Glaube. Zu ihm gehört mehr. Es muß der Vorsatz vorhanden sein, daß man das nicht unterläßt, was den Irrenden zur Bekehrung verhilft und daß man wegräumt, was ihn daran hindern könnte. Vor allem soll der Vorsatz lebendig werden, alles in uns und bei allem, was wir erkennen werden, zur weiteren Ehre Gottes anzuwenden und ihm in solchem Licht zu dienen. Hierhin gehören die herrlichen Sprüche Christi Johannes 7, 17. *So jemand will des* (nämlich des Vaters, der ihn gesandt hat) *Willen tun, der wird inne werden, ob diese Lehre von*

Gott sei oder ob ich von mir selbst rede. So daß der Heiland von keinem anderen sagt, daß er in seinem Herzen göttlich versiegelt sei von der göttlichen Wahrheit seiner Lehre, es sei denn der Wille da, den Willen des Vaters zu tun und es also nicht bei dem Wissen allein bleiben zu lassen. Wiederum steht Johannes 8, 31 und 32: *So ihr bleiben werdet an meiner Rede, so seid ihr meine rechten Jünger und werdet die Wahrheit erkennen und die Wahrheit wird euch frei machen.* Und 14, 21: *Wer meine Gebote hat und hält sie, der ist's, der mich liebt. Wer mich aber liebt, der wird von meinem Vater geliebt werden und ich werde ihn lieben und mich ihm offenbaren.*

Das Experiment des Glaubens wagen!

Daraus erhellt sich, daß Disputieren nicht genug sei, um bei uns selbst die Wahrheit zu erhalten, noch sie Irrenden beizubringen. Dazu ist die heilige Liebe Gottes vonnöten. Ach, wenn wir Evangelischen uns das aufs eifrigste angelegen sein lassen würden, Gott die Früchte seiner Wahrheit in herzlicher Liebe darzubringen und also einen guten, unseres Berufs würdigen Wandel zu führen und das alles in erkennbarer und ungefärbter Liebe zum Nächsten, auch den Irrgläubigen gegenüber! Wenn wir die noch Irrenden durch unsere Anweisung dahin bringen könnten, daß sie, wenn sie auch die von uns bekannte Wahrheit nicht begreifen können, doch anfangen wollten, Gott nach dem Maß der Erkenntnis, die sie von der christlichen Lehre besitzen, eifrig zu dienen, in Liebe zu Gott und zum Nächsten! Dann ist kein Zweifel, daß Gott nicht nur uns in der Wahrheit vorwärts führen würde, sondern daß er uns auch die Freude schenken würde, wie andere, deren Irrtum wir jetzt beklagen, bald im gleichen Glauben neben uns stehen würden.
Denn sein Wort besitzt die Kraft, wenn sie nicht boshaft durch uns oder durch die anderen, die wir überzeugen möchten, gehindert wird, die Herzen zu bekehren. So trägt auch der heilige Wandel selbst zur Bekehrung viel bei. Das lehrt uns Petrus (1. Petrus 3, 1. 2).

Wahre Christen sollen brüderlich den Weg des Herrn zeigen

Das Predigtamt muß bei all diesen Dingen, die der Kirchen Besserung betreffen, das allermeiste tun. Weil die Mängel so viel Schaden anrichten, soll ihm umsomehr daran gelegen sein, daß man Leute habe, die vor allem selbst wahre Christen sind. Sie könnten auch, wenn sie göttliche Weisheit besitzen, behutsam andere auf den Weg des Herrn führen. Was würde das für die Kirche bedeuten! Wie nötig ist das! Denn keine anderen als solche Leute sind hier Berufene. Sie sind allein tüchtig, die in ihrem ganzen Berufswerk nichts anderes als die Ehre Gottes suchen (die alle fleischlichen Absichten auf Gunst, Freundschaft, Geschenke und dergleichen unziemliche Dinge hintansetzen).

5.
Reform des Theologiestudiums im Blick auf die Gemeinde
Die Vorbereitung soll schon auf der Universität beginnen

Will man solche tüchtigen Personen zum Kirchendienst heranziehen, so muß man sie auch haben und daher auf den Schulen und Universitäten erziehen. Ach Gott gebe gnädig, daß alles, was hier notwendig ist, auf den Universitäten von den Theologieprofessoren fleißig beachtet werde. Sie sollen dazu helfen, daß nicht nur wie von dem eifrigen Johann Mathäus Meyffart selig, sondern auch nach ihm von vielen anderen gottseligen Herzen wehmütig beklagte und bei allen Fakultäten übliche unchristliche akademische Leben mit nachdrücklichen Mitteln abgeschafft würde. Es sollte so gebessert werden, daß die Akademien, wie es recht und billig ist, auch als rechte Pflanzgärten der Kirche in allen Ständen und als Werkstätten des Heiligen Geistes erkannt werden. Nicht aber sollte der Weltgeist, der Ehrgeiz-, der Sauf-, der Zank-, der Balge-Teufel im äußeren Leben der Studenten bestimmend sein.

Das Vorbild der Professoren

Die Herren Professoren können mit ihrem Vorbild selbst viel dazu tun (ja, ohne solches ist schwerlich die rechte Besserung zu erhoffen), wenn sie sich als Leute beweisen, die der Welt abgestorben sind und nicht ihre eigene Ehre, Gewinn oder Wohlbehagen, sondern in allem allein ihres Gottes Ehre und der Anvertrauten Heil suchten und danach alle ihre Studien, Bücherschreiben, Lektionen, Vorlesungen, Disputationen und Verrichtungen einrichteten. Dann hätten die Studenten ein lebendiges Muster, nach dem sie allerdings ihr Leben regulieren könnten. Denn wir sind so geartet, daß ein Vorbild bei uns so viel wie die Belehrung, ja, zuweilen noch mehr ausrichtet.

Gregor Nazian sagt in Epit. Basil: Oratio Basillii erat tonitru, quia vita ejus fulgur — Basilii *Rede und Lehre war* (an Kraft) *wie ein Donner, weil sein Leben ein Blitz war.*

Daher sollten die Professoren an ihren Tischen guter Disziplin und keinem Mutwillen um des Gewinnes willen den Platz einräumen. Über Tisch sollten gute, erbauliche Gespräche von ihnen gehalten werden, unziemliche aber, vor allem in denen Gottes Wort, Sprüche, Gesänge und dergleichen Worte im falschen Verstand zu Bösem mißbraucht werden, abgewendet und mit Ernst bestraft, aber nicht mit Wohlgefallen angehört werden. (Denn durch solche Dinge geschieht mehr Böses als man denken möchte. Das kann oft gottseligen Gemütern ihr Leben lang, wenn sie bei ihrer Andacht an ein solches Wort kommen, ein Anstoß bleiben.)

Studieren und Christentum der Tat gehören zusammen

Ohne Unterlaß sollte das den Studenten vorgestellt werden, daß es nicht weniger am gottseligen Leben als an ihrem Fleiß und Studieren gelegen sei. Das eine ist ohne das andere nichts würdig. Des alten Justinians bekannte Rede soll allezeit in unseren Gedanken sein: Res nostrae religionis non in verbis sed in factis consistunt. Unsere Religion besteht nicht in Worten, sondern in Taten. Das hat er von Paulus gelernt, daß *das Reich Gottes nicht in Worten, sondern in Kraft bestehe,* 1. Korinther 4, 20. So wäre ihnen stetig vorzuhalten, daß es im menschlichen Leben heißt: Wer an Geschicklichkeit wächst und nicht an guten Sitten, der schreitet mehr rückwärts, nicht vorwärts. Qui proficit in literis et deficit in moribus, plus deficit quam proficit.

Theologie ist ein habitus practicus [Haltung, die zur Praxis des Glaubens und Lebens führt]

Das gilt vor allem im Geistlichen, weil Theologia ein habitus practicus ist, wo alles zur Praxis des Glaubens und Lebens gerichtet werden muß. Deshalb nennt der christliche und um die Straßburgische Kirche so wohl verdiente selige D. Johann Schmidt, mein in Christus geliebter Vater, dieses (Libell. Repud. Conc. 2, pag. 37) *ein großes und schreckliches Idol oder Götzen, daß man auf den Hochschulen und Universitäten, auch wenn man sehr fleißig sein will, gar neben den rechten Zweck vorbeizielt. Denn er liegt darin, daß Gott geehrt werde oder etwas deutlicher, daß die wahre, unverfälschte christliche Religion, d. h. die herzliche Übung der Gottseligkeit und christliche Tugend desto besser eingepflanzt, betrieben und den Gemütern eingedrückt werde.* Auch seine übrigen Worte sind es wert, gelesen zu werden. Denn er nennt es zuletzt *ein Greuel der Verwüstung.*

Der Heilige Geist ist der wahre und einzige Lehrmeister, der nicht in Herzen wohnt, die von der Sünde nicht lassen wollen

Der durch seine Schriften zu Rettung der wahren Lehre berühmte Theologe, Herr D. Abraham Calov, mein besonders hochgeehrter Gönner, zieht (Paedia Theol. I, 2. pag. 57) die Ursachen kurz zusammen, um deretwillen ein Theologiestudent sich eines gottseligen Lebens befleißigen müsse: Zu deutsch lautet das wie folgt: I. *Weil der Apostel seinen Timotheus also unterrichtet: 2. Timotheus 2, 24; 1. Timotheus 1, 18. 19; Kapitel 3, 2; Kapitel 4, 7. 12; Titus 1, 17. II. Der Heilige Geist der wahre und einzige Lehrmeister nicht wohnet in einem Herzen, das der Sünde untertan ist. Johannes 16, 13; 1. Johannes 2, 27. Die Welt kann den Geist Gottes nicht empfangen. Johannes 14, 17. III. Ein Theologiestudent geht mit der göttlichen Wahrheit um, die nicht fleischlich, sondern geistlich und heilig ist. Jakobus 3, 15, deren Anfang die Furcht Gottes ist. Psalm 111, 9. Sprüche Salomonis 1, 7. 9. 10.*

Die Theologie ist nicht eine bloße Wissenschaft

IV. *Die Theologie ist nicht eine bloße Wissenschaft, sondern besteht in des Herzens Affekt* [Bewegung] *und in der Übung. V. Selig ist* (sprachen die Alten), *wer die Schrift in Werke umsetzt. Wisset ihr dies, sagt Christus: Johannes 13, 17. Selig seid ihr, so ihr's tut. Sollen also Christi Jünger die Schrift also durchforschen, daß sie sie zur Ausübung bringen und tun, was sie wissen. VI. Dagegen kommt die Weisheit nicht in eine boshafte Seele und wohnt nicht in einem Leibe, der der Sünde untertan ist. Weisheit Salomonis Kapitel 1, 4. Wer also den Sünden nachhängt, kann keine Wohnung des Heiligen Geistes werden. VII. Wie die Leviten, ehe sie in die Stiftshütte eingingen, vorher sich waschen mußten. 2. Mose 30, 18; 1. Könige 7, 23; 2. Chronika 4, 2. Also sollen sich auch der Heiligung und Reinigung ihres Lebens diejenigen befleißigen, die einmal in der Hütte des Herrn ein- und ausgehen wollen.* Ach, wollte Gott, diese Worte stünden aller Orten vor und in den Hörsälen und ein jeder Student hätte sie in seinem Studierstüblein vor Augen, ja in seinem Herzen, so würden wir bald eine andere Kirche haben.

Ich kann es nicht unterlassen, hier ein Wort des lieben und gottseligen Theologen D. Johann Gerhard hinzusetzen: Harm. Evang. Kapitel 176, pag. 1333 b. (*) *Die da die wahre Liebe Christi nicht haben und die Ausübung der Gottseligkeit unterlassen, erlangen nicht die völlige Erkenntnis Christi und eine reichere Begabung mit dem Heiligen Geist. Und daher ist es, um die wahre, lebendige, tätig und heilsame Erkenntnis göttlicher Dinge zu erlangen, nicht genug, die Schrift zu lesen und zu erforschen, sondern es ist vonnöten, daß auch die Liebe Christi dazu komme, das heißt, daß man sich hüte vor Sünden wider das Gewissen, mit denen dem Heiligen Geist ein Riegel vorgeschoben wird und daß man sich der Gottseligkeit ernst befleißige.*

Es geht nicht um eine Religionsphilosophie, sondern um das Theologiestudium

Wo dieser Grund bei den Theologiestudenten gelegt wird, daß sie davon überzeugt sind, sie müssen bereits der Welt absterben und in ihren ersten Studienjahren ein Leben führen als solche, die einmal Vorbilder der Herde werden sollen, so ist das nicht nur eine Zierde, sondern ein ganz notwendiges Werk. Ohne diese Haltung *sind sie, um so zu sprechen, Studenten der Philosophie de rebus* sacris [Philosophie über heilige Dinge] nicht aber Theologiestudenten. Denn die Theologie wird im Licht des Heiligen Geistes allein erlernt.

Viele meinen freilich, es stünde einem Theologiestudenten wohl gut an, wenn er gut lebt. Doch sei das eben so nötig nicht, wenn er nur fleißig studieren und ein gelehrter Mann werde, ob er sich schon während all dieser Zeit vom Weltgeist regieren lasse und mit anderen in aller Weltlust mitmache. So viel habe das nicht auf sich, wenn er nur dann rechtzeitig, wenn er einmal ein Prediger werde, das Leben ändere. Das wäre so, als ob solches immer in unserem Vermögen stünde und als hinge nicht die tief eingewurzelte Weltliebe den Leuten dann gewöhnlich in ihrem ganzen Leben an. Deshalb tut solch böse Meinung unter uns so großen Schaden anrichten. Wenn aber, wie ich sage, den Theologiestudenten das alles bei Beginn ihres Theologiestudiums sehr ernst vorgehalten wird, so hoffe ich, daß es nachdem für die ganze Studienzeit und für das ganze Leben viel Früchte nach sich ziehe.

Die Professoren sollen nicht allein nach der Begabung die Studenten fördern

Es wäre dazu recht gut, wenn die Herren Professoren auf das Leben der ihnen anvertrauten Studenten wie auf ihre Studien acht geben. Die einen wären zu ermuntern. Den anderen wäre deutlich zu machen, daß ihre Lehrer sie nicht achten können, wenn sie herumschwärmen, saufen, prunken, ihren Ehrgeiz bei den Studien und vor den anderen zeigen und in Summa nach der Welt und nicht nach Christus leben. Es wäre gut, wenn diese es sehen, daß ihnen ihre vorzügliche Begabung und gute Studien nichts nützen. Denn je mehr Gaben sie empfangen haben, um so schädlicher würden sie bei dieser Haltung einmal sein. Und wenn andere in ihren Studien mit jenen nicht Schritt halten können, aber ein gottseliges Leben führen, so sollte man ihnen öffentlich und deutlich zeigen, wie lieb sie ihnen sind, daß man sie den anderen weit vorzieht. Auch in der Beförderung sollte man sie vorziehen oder sie allein befördern, die anderen aber so lange davon ausschließen, bis sie sich ganz geändert haben. So sollte es wirklich sein. Denn das ist gewiß, ein mit weniger Gaben ausgestatteter Mensch, der aber Gott herzlich liebt, wird auch mit geringeren Talenten und Gelehrsamkeit der Gemeinde Gottes mehr nutzen als ein doppel-doktor-mäßiger, nichtiger Weltnarr, der zwar voller Kunst steckt, aber von Gott nicht gelehrt ist. Denn jenes Arbeit ist gesegnet und er hat den Heiligen Geist bei sich, dieser aber besitzt allein ein fleischliches Wissen, mit dem er mehr schaden als nutzen kann. Es könnte auch nicht übel sein, wenn alle Studenten von ihrer Universität ein Zeugnis mitbringen müßten, nicht allein über ihre Geschicklichkeit und ihren Fleiß, sondern auch über ihr gottseliges Leben. Diese Zeugnisse müßten freilich mit großer Vorsicht ausgestellt werden und keinesfalls einem erteilt werden, der es nicht verdient. Das könnte bei den Theologiestudenten die Einsicht stärken, wie nötig das ihnen sei, woran sie oft am wenigsten denken.

Es möchten Disputationen auch in deutscher Sprache gehalten werden, um zu lernen, wie man zu einer Gemeinde verständlich spricht

So sollten die Professoren nach ihrer Einsicht die Studiengegenstände den einzelnen Studenten nach ihrer Begabung, ihrem Vaterland, einer geplanten Promotion und dergleichen zuteilen. Mit einigen ist gewiß die Streittheologie [die Auseinandersetzung mit den anderen Konfessionen] mit starkem Eifer um des Berufes willen, weil die Kirche sie nötig hat, zu treiben. Denn sie muß allezeit mit Leuten genug ausgerüstet sein, die den Feinden der Wahrheit die Stirn bieten können und nicht zulassen, daß jeder Goliath ungescheut Israel Hohn sprechen kann. Man muß auch einige wie David haben, die hervortreten und denselben entgegentreten.
Sollte sich die Gelegenheit finden, daß der von dem vortrefflichen Theologen D. Nikolaus Hunnius selig in seiner Konsultation unterbreitete Vorschlag verwirklicht werden würde, so wäre hier der Sache geholfen. Bei den anderen sollte das nicht das eigene Hauptstudium darstellen. Gewiß müssen sie sich auch hier rüsten, um bei gegebener Gelegenheit den Widersachern den Mund stopfen zu können und sie ihre Gemeinden einmal vor dem Irrtum bewahren. So möchten wir wünschen, daß diejenigen, in deren Vaterland (oder Vaterstadt) etwa Juden wohnen, an ihnen ihr Amt ausrichten. Sie müßten dazu schon in der Auseinandersetzung mit ihnen gerüstet worden sein.
Alles in allem aber ist zu wünschen, was einige vortreffliche Theologen schon oft gesagt haben, daß die akademischen Disputationen auch in deutscher Sprache abgehalten würden. Die Studenten könnten dann lernen, die Begriffe so zu gebrauchen, daß es ihnen in ihrem Amt, auch auf der Kanzel, nicht schwer wird, wenn sie an diese Lehrunterschiede denken, die Sache deutsch der Gemeinde vortragen. Darin sind sie bisher nicht geübt worden.
So würden die einen die Streitfragen fleißiger zu studieren haben. Bei anderen wäre es genug, wenn sie ihre Thesen gründlich verstehen und von den Antithesen allein so viel wissen, daß sie selbst vor Irrtum gesichert sind und ihren Zuhörern einmal dieses zeigen können, was wahr oder was nicht wahr ist. Wo es aber um schwierigere Fragen geht, könnten sie sich der Hilfe des Rates anderer bedienen.

Der angehende Student bedarf eines treuen Mentors

Von dem allen versteht ein angehender Student nicht das, was ihm nötig ist oder nicht, er habe denn einen treuen Handleiter [Seelsorger]. Wo das fehlt, tritt zu leicht das ein, was D. Christoph Scheibler in seiner bereits erwähnten Vorrede des Man. ad Theol. Pract. klagt: daß wo etwa einige die ganze Zeit ihrer Studien mit Streitsachen zugebracht haben, daß dann darauf folgen muß, daß sie entweder ungeschickte Prediger sein müssen, wie gelehrt sie auch in solchen Streitsachen wären oder sie müßten von neuem und auf eine andere Art erst Theologie studieren und darin Anfänger werden, wie das die tägliche Erfahrung bezeugt.

Die ganze Theologie wieder zur apostolischen Schlichtheit bringen

So wäre doch sorgfältig in acht zu nehmen, daß bei den Kontroversen ein Maß eingehalten und Unnötiges lieber abgeschnitten als vervollkommt werde. Die ganze Theologie möchte wieder zu der apostolischen Einfalt gebracht werden. Hier könnten vor allem die Professoren helfen, daß sie auf der einen Seite ihre ganzen Studien und Schriften danach einrichteten wie auch den lüsternen Geistern mit ihrem Fürwitz mit Ernst Einhalt gebieten. Es wäre von Nutzen, wenn dann die einfältigen Büchlein, die „Teutsche Theologie", sodann Taulers Schriften, aus welchen gleichsam Luther nächst der Schrift geworden ist, was er gewesen ist, in die Hände der Studenten gebracht und ihnen empfohlen würde.

Luther empfiehlt die Predigten Taulers

Es ist der Rat Luthers selbst, welcher von dem Mann Gottes Tauler (wie er ihn anderswo nennt) in der 23. Epistel an Spalatin schreibt: *So du Lust hast, die alte reine Theologie in deutscher Sprache zu lesen, so kannst du dir die Predigten von Johann Tauler, des Predigermönchs verschaffen. Denn ich habe weder in lateinischer noch deutscher Sprache die Theologie reiner und heilsamer gefunden, die mit dem Evangelium übereinstimmt.* Und in der 17. Epistel: *Ich bitte dich noch einmal, glaube mir doch in diesem Fall und folge mir und kaufe dir das Buch Taulers, dazu ich auch dich zuvor gemahnt habe, wenn du es nur bekommen kannst. Du wirst es dann auch leicht bekommen. Denn das ist ein Buch, darin du finden wirst eine solche Kunst der reinen, heilsamen Lehre. Dagegen ist jetzt alle Kunst eisern und irdisch, es sei gleich in griechischer oder lateinischer oder hebräischer Sprache.*

An anderer Stelle sagt er: *Ich habe mehr der reinen göttlichen Lehr darinnen gefunden denn in allen Büchern der Schullehrer auf allen Universitäten oder darinnen gefunden werden mag.* Von der

„Teutschen Theologie", die er auch Tauler zuschreibt, aber die jünger ist, und ich es für eine besondere Ehre halte, daß sie in unserem Frankfurt geschrieben worden sein soll, gibt er dieses Urteil: *Ich muß meinen alten Narren rühmen und sage, daß mir nach der Bibel und Sankt Augustin nicht ein Buch vorgekommen ist, daraus ich mehr gelernt habe und lernen will, was Gott, Christus, Mensch und alle Dinge bedeuten als eben das Büchlein.*

Daher ist auch dieses Büchlein von unserem lieben Johann Arnd der christlichen Erbauung willen neu herausgegeben und mit einer Vorrede versehen worden. So dient es auch ihm zum Lob und nicht zum Tadel, daß der teure Johann Arnd in seinem Wahren Christentum oft Tauler zitiert und ihn gerühmt hat. Zu Tauler und Johann Arnd ist noch Thomas à Kempis Nachfolge Christi zu setzen. Sie hat D. Johann Olearius, mein besonders hochgeehrter Gönner, noch vor einigen Jahren aufs neue auflegen lassen und eine Anleitung beigefügt, um den allgemeinen Nutzen zu fördern, was er auch in seinen eigenen Schriften zur Hebung der Praxis der Gottseligkeit getan hat.

Die gleiche Richtung schlagen wir ein, wenn wir an ein feines gottseliges Schreiben eines unbekannten Autors in der alten Kirche erinnern. Es führt den Titel Religionis Christianae deformationis a pristino decore et desolationis causae quae et quo pacto Christianus quisque possit al sui conditoris reformari imaginem et amicitiam [Welches sind die Ursachen der Entstellung und Verödung der christlichen Religion von ihrer früheren Zierde und auf welche Weise vermag jeder Christ sie in das Bild und in die Anerkennung ihres Stifters zurückzuverwandeln?] und ist den opusculis Ephraemi Syri [kleinen Werke Ephraems, des Syrers] beigedruckt. Wir denken auch an viele andere ähnliche unter den alten Schriften. Es besteht kein Zweifel, daß sie bei den Studenten viel Gutes ausrichten und ihnen einen guten Geschmack der wahren Gottseligkeit geben könnten, denn den verständigen Leser wird es nicht irritieren, was solchen Büchlein noch aus der Finsternis jener Zeit anklebt.

Jedenfalls würden diese Schriften, wenn sie fleißiger in ihren Händen wären, nützlicher sein als die anderen, oft mit unnützen Subtilitäten [Spitzfindigkeiten] erfüllten Skripten, die nur dem Ehrgeiz des alten Adams viel und bequemes Futter geben.

Es würde dann wohl bei vielen der Zweck erreicht werden, nach dem der öfters erwähnte Chytraeus so herzlich verlangt (*): *Daß man Christ und Theologe zu sein, vielmehr durch Glauben, heiliges Leben, Gott und den Nächsten zu lieben bezeugt als durch scharfes und spitzfindiges Disputieren.*

Die Theologie ist nicht bloße Wissenschaft

Um dieser Ursachen willen, daß die Theologie ein habitus practicus ist und nicht in bloßer Wissenschaft besteht, reicht das bloße Studieren und anderseits das bloße Zustimmen und Sich-Informieren nicht zu. Es müßten allerhand Übungen bedacht werden, in denen das Gemüt zu den Dingen, die zur Praxis und eigenen Erbauung gehören, gewöhnt und darinnen geübt werde.

Es wird die Errichtung von Collegii pietatis [Erbauungskreisen] für die Studenten vorgeschlagen

Darum wünschen wir die Errichtung von Kollegs, in denen solche Materien behandelt werden, die sich aus den Lebensregeln, die wir von unserem Heiland und von seinen Aposteln aufgezeichnet finden, ergeben und die den Studenten eingeschärft werden sollten. Man müßte ihnen aber zugleich an die Hand geben, wie sie gottselige Betrachtungen anstellen, wie sie sich in der Erforschung ihres Selbst immer besser erkennen lernen, wie sie den Lüsten des Fleisches widerstreben, wie sie ihre Begierde zähmen und der Welt absterben können. (Nach der Regel Augustinus de Doct. Christ., cap. 7: *in tantum vident homines, in quantum moriuntur huic seculo, in quantum autem huic vivunt, non vident. So viel sehen die Menschen, als sie dieser Welt absterben, sofern sie aber derselben leben, sehen sie nichts.)* So möchten sie nach dem Wachstum in dem Guten und was ihnen noch mangelt, forschen und also das auch tun, was sie einmal anderen lehren sollen. Denn einmal das bloße Studieren reicht nicht zu. Unser lieber Luther hat also davon gehalten. Tom. 2. Jen. lat. f. 57 über den 5. Psalm: *Vivendo, imo moriendo et damnando fit Theologus, non intelligendo, legendo aut speculando:* Oder wie es gegeben wird Tom. 2 Altenb. f. 601. a.: *ein rechter Theologe wird nicht durch Begreifen oder Lesen oder tiefes Nachsinnen, sondern durch Leben, ja durch Sterben und Verdammnis.*

Wie könnte man solche Übungen anstellen?

Das stelle ich den gottseligen und verständigen Professoren anheim. Sollte ich die Erlaubnis erhalten, einen Vorschlag zu tun, würde ich folgendes für zweckdienlich halten. Ein frommer Theologe sollte die Sache anfangs mit nicht zu vielen Studenten beginnen, jedenfalls aus der Zahl seiner Hörer mit jenen, die bereits einen herzlichen Wunsch, rechtschaffene Christen zu sein, zeigen. Mit ihnen sollte er das Neue Testament traktieren, daß sie bei all dem, was zu ihrer Unterrichtung dient, doch vor allem auf das achten, was ihrer Erbauung förderlich ist. Sie sollen die Erlaubnis erhalten, daß jeder das aussprechen kann, was ihm bei jedem Vers wichtig erscheint und wie er ihn zum eigenen Gebrauch und für die anderen anzuwenden meinte. Der Professor als Direktor sollte das alles unterstützen, was richtig beobachtet worden ist. Wo man aber von der rechten Auslegung abweicht, sollte er das freundlich und klar aus dem Text zeigen und zu welcher Übung diese oder jene Regel weisen würde.

Eine brüderliche Verbindung der Studenten könnte darüber wachsen

Es könnte darüber eine solche Vertraulichkeit und Freundschaft unter den Kommilitonen gestiftet werden, daß sie sich nicht allein untereinander zu einer Übung dessen, was sie hörten, ermahnen, sondern jeder bei sich selbst nachforschte, wo er solche Regeln bisher nicht beachtet habe. Er würde dann danach trachten, sie bald ins Werk zu setzen. Sie würden sich auch untereinander besprechen, aufeinander achten, wie sich die einzelnen dazu schicken und alles mit der rechten brüderlichen Ermahnung verbinden. Sie könnten einander und auch ihrem Professor Rechenschaft ablegen, wie sie in dieser oder jener Situation sich den vorgegebenen Regeln entsprechend verhalten haben. In einer solchen vertraulichen Konferenz, wo jede Sache, die sie angeht, nach Gottes Wort ausgerichtet wird, zeigt sich bald, was man profitiert hat und wo dem einzelnen vor allem noch zu helfen sei. (Dabei sollen sie sich daran gewöhnen, von anderen nicht vermessen zu urteilen oder einen fremden Knecht zu richten.)

Die Meisterschaft des Professors

Der Professor würde sich keine andere Meisterschaft über die ihm Anvertrauten anmaßen, als daß er als ein Erfahrener ihnen aus unseres Meisters Wort das aufzeigt, was er von jedem Fall zu halten habe. Je mehr und mehr sie selbst geübt werden, würde das kollegial von allen festgestellt werden. Ich zweifle nicht daran, daß wo solches mit herzlicher und anhaltender Anrufung Gottes fortgesetzt wird und sich jeder fleißig zum heiligen Abendmahl schicken würde, seinen Gewissenszustand dem gesamten Kollegium vorstellte und dessen Rat befolgte, es in kurzer Zeit zu herrlichen Fortschritten in der Gottseligkeit käme. Denn wo das recht begonnen würde, würden immer mehr davon Gewinn haben. So könnten daraus Männer werden, die rechtschaffene Christen würden, ehe sie ihr Amt antreten, da sie andere dazu erziehen sollen. Sie haben dann zuerst begonnen selbst zu tun, was sie einmal lehren werden. Das ist die rechte Art für die wahren Lehrer in der Schule unseres Heilandes, wie solches mein hochgeehrter Freund und in dem Herrn geliebtester Bruder, dem der Schaden Josephs zu Herzen geht,

Herr Gottlieb Spitzel in seiner veteri Academica Jesu Christi, mit so lieben und würdigen Beispielen vorstellt. (*)

Seelsorgeseminare einrichten

Neben diesen, dem eigenen Christentum dienenden Exerzitien, würde es auch gut sein, wenn unter der Anleitung ihrer Lehrer gewisse Vorübungen in den Dingen treten würden, mit denen sie einst im Amt umzugehen haben: Unwissende zu unterrichten, Kranke zu trösten und dergleichen.

6.
Ausrichtung der Predigt auf das Missionarisch-Seelsorgerliche anstelle theologisch-gelehrten Prunkes

In den Predigten sollten sich die Studenten so üben, daß ihnen bald gezeigt werde, daß alles in solchen Predigten zur Erbauung einzurichten ist. Dieses hänge ich als 6. Mittel an, wodurch der christlichen Kirche zu einem besseren Stand geholfen werden möchte. Das geschieht, wo die Predigten vor allem darauf hinzielen, daß der Glaube und dessen Früchte bei den Zuhörern auf beste Weise gefördert werde. Es gibt ja nur wenige Orte in unserer Religion, wo nicht genug Predigten gehalten werden. Aber viele gottselige Gemüter finden doch nicht wenige Mängel an vielen Predigten. Es gibt eben Prediger, die in vielen Predigten sich vor allem mit Dingen abgeben, die vor gelehrte Leute gehören und die Zuhörer darum nicht verstehen. Da müssen oft viele Sprachen herbei, wo vielleicht nicht ein einziger in der Kirche diese Zitate versteht. Manche geben sich viel Mühe, daß ja das Exordium [die Einleitung der Predigt] recht geschickt ist und auch die Zusammenfügung harmonisch ist, daß die Disposition kunstreich und doch verborgen genug ist, daß alle Teile erst durch die Redekunst hervortreten und aufgeziert sind. Sollte nicht vielmehr das gewählt und durch Gottes Gnade ausgeführt werden, wovon der Zuhörer im Leben und Sterben Gewinn hat? So sollte es nicht sein, daß die Kanzel der Ort ist, da man seine Kunst mit Pracht sehen lasse, sondern das Wort des Herrn sollte dort einfältig und gewaltig gepredigt werden. Denn das Wort ist allein das göttliche Mittel, um Leute selig zu machen. Danach sollte alles eingerichtet sein. Auch hat sich der Prediger nach seinen Zuhörern und ihrem Vermögen zu richten und darum allezeit mehr auf die Einfältigen, die doch die Mehrzahl bilden als auf die wenigen Gelehrten, wo sie tatsächlich anzutreffen sind, zu sehen.

Nicht müde werden, den Katechismus zu treiben

Weil der Katechismus die erste Erziehung in sich faßt und das Christentum und der Glaube zuerst aus ihm gelernt wird, so soll

derselbe, nicht nur den Worten, sondern dem Inhalt nach, immer fleißiger in der Kinderlehre getrieben werden. Dort kann man auch die Alten dazunehmen. Ein Prediger darf darüber nicht müde werden. Hat er dazu Gelegenheit, soll er den Leuten auch in den Predigten immer wieder das vorlegen, was sie einmal im Katechismus gelernt haben und soll sich selbst dessen nicht schämen.
Was an dieser oder jener Beobachtung bei Predigten noch erwähnenswert wäre, übergehe ich gern. Am wichtigsten ist wohl dieses, daß die Predigten insgemein danach gerichtet werden, daß unser ganzes Christentum im inneren oder neuen Menschen beruht, dessen Seele der Glaube und seine Wirkungen die Früchte des Lebens sind.

Die Predigten sollen den Glauben stärken, der lebendig und tätig ist

Die Wohltaten Gottes sind doch so vorzutragen, die ja auf den inneren Menschen zielen, daß der Glaube und in demselben der innere Mensch immer mehr und mehr gestärkt werde. Aber auch das Werk [die Glaubensfrüchte] ist so zu treiben, daß wir beileibe nicht zufrieden sind, wenn wir die Leute allein zur Vermeidung der äußerlichen Laster und zur Übung der äußerlichen Tugenden treiben und es auf diese Weise nur mit dem äußerlichen Menschen zu tun haben. Das vermag auch eine heidnische Ethik zu erreichen. Wir haben den Grund im Herzen zu legen und zu zeigen, daß das alles Heuchelei sei, was nicht aus diesem Grund hervorgeht. So soll man die Leute daran gewöhnen, an solchem Innerlichen zu arbeiten, die Liebe zu Gott und zu dem Nächsten bei sich selbst durch rechte Mittel zu erwecken und aus dieser Haltung heraus zu wirken. Unermüdlich soll man zeigen, wie alle göttlichen Mittel des Wortes und Sakraments es mit dem innerlichen Menschen zu tun haben und es nicht genug sei, daß wir das Wort mit den äußeren Ohren hören, sondern daß wir es ins Herz dringen lassen sollen. Dort sollen wir den Heiligen Geist reden hören, seine Versiegelung und die Kraft des Wortes mit lebendiger Bewegung und Trost fühlen. Denn es ist nicht genug, getauft zu sein. Sondern der innere Mensch, der Christus durch die Taufe anzieht, muß ihn auch anbehalten und dessen Zeugnis in seinem äußeren Leben beweisen. Es ist eben nicht genug, das heilige Abendmahl äußerlich zu empfangen. Auch unser innerer Mensch soll durch solche Speise wahrhaftig vermehrt werden. Es ist nicht genug, äußerlich mit dem Munde zu beten, sondern das rechte und vordringliche Gebet geschieht in unserem inneren Menschen, der sich im Wort ausläßt oder in der Seele bleibe und doch daselbst Gott finde und antreffe.

Der innerliche Mensch

Es ist nicht genug, Gott seinen Dienst in dem äußerlichen Tempel zu leisten, sondern unser innerlicher Mensch soll den entscheidenden Dienst in seinem eigenen Tempel leisten und was dergleichen ist. Darauf sind die Predigten zu richten, weil darin die rechte Kraft des ganzen Christentums steht. Und würde solches geschehen, würde viel mehr Erbauung erfolgen als es oft geschieht. Ein herrliches Beispiel haben wir an Johann Arnds Postille.

Johann Arnds Postille

Johann Arnd, der treffliche Lehrer und Nachfolger Luthers, der mit ihm Aussprüche gemeinsam hat, die übel verstanden und mißdeutet worden sind, hat auch in seinen übrigen Schriften alles auf den rechten Kern des inneren Menschen gerichtet. Auch diese vor Augen liegende Postille, für die ganze christliche Kirche bestimmt, zielt auf diesen Hauptzweck. Schon zu seinen Lebzeiten sind dadurch seine Zuhörer erbaut worden. So haben viele tausend fromme Seelen inzwischen die Kraft solcher methodischer und gottseliger Arbeit kräftig empfunden und Gott für solche teure Gaben demütig Dank gesagt, und des Autors Gedächtnis ist im Segen geblieben. Diesen Nutzen des herrlichen Buches haben die vielen Auflagen desselben bezeugt, die allemal abgegangen und immer mehr und mehr gesucht werden.

Damit hat es sich erwiesen, daß diese Arbeit nicht mit den vielen anderen zu vergleichen ist, die mit ihrem Autor sterben und nicht länger angenehm sind, als sie den Reiz der Neuheit für begierige Leute besitzen. Es bedarf aber weder Johann Arnd, der Autor selbst, noch die gegenwärtige Ausgabe der Postille meines Rühmens und ich bin auch nicht der, der durch sein Zeugnis seinen Preis vermehren könnte. Ich halte es aber für meine Ehre und nützlich, unter seinen Schülern ihn zu ehren. Ich bin dabei gewiß, wo nach dieser Art unsere Lehrschriften und Predigten eingerichtet würden, so würde es kaum der vielen Klagen bedürfen, die wir jetzt einfach anführen müssen.

Ich überlasse es also jedem Leser lieber selbst und seiner Erfahrung, was ich sonst von diesem Werke zu rühmen hätte. Ich beschränke mich darauf, dem christlichen Leser hier anzudeuten, was in dieser neuen Edition zum nützlichen Gebrauch getan worden ist.

IV. Bemerkungen zu der vorliegenden Ausgabe der Postille von J. Arnd

I. Man hat die vorige Merianische Edition, nach der der Nachdruck geschieht, mit anderen verglichen, dieselbe daraufhin durchgesehen und die Fehler, die sich hin und wieder fanden, daraus verbessert und was mangelt, ersetzt.

Daher haben wir behalten, was in den vorigen Editionen mit Berücksichtigung der beigezogenen lateinischen Erwähnungen, Ergänzungen der kurz angedeuteten Sprüche und Texte usw. verbessert und auch in der Merianischen Vorrede angedeutet worden ist.

II. Weil die Passionspredigten an verschiedenen Orten gestanden haben, sind sie zusammengestellt worden, womit man dem Leser angenehmer zu sein hofft. Das ist auch mit anderen im Anhang befindlichen Predigten geschehen, die zu den Festtagen bzw. an die Stellen eingerückt worden sind, wo sie hingehören. Das zeigt auch das Register im Vergleich mit dem vorigen.

III. Der Druck ist so eingerichtet worden, daß sowohl die Edition reichhaltiger ist und an Leslichkeit der Buchstaben nichts abgeht. An Stärke gewachsen, ist alles in einem Band vereinigt.

IV. So sind (was in der vorigen Merianischen Edition zwar versprochen, aber nicht geleistet worden ist) nicht nur den angezogenen Kapiteln der Schrift die Verse beigefügt worden, sondern unzählige, deren Stellen nicht benannt worden sind, welche aber der sel. Autor im Sinn hatte, ausgedruckt und zitiert worden, als große Hilfe für den Leser.

V. Weil wir wünschten, daß das, was von diesem herrlichen Mann in anderen Werken nicht anzutreffen ist, diesem Band einverleibt würde, um so alle übrigen Brosamen zu erhalten, haben wir einige Huldigungs- und Landtagspredigten, sodann sein sogenanntes Informatorium Biblicum auch hier dem übrigen beigefügt (obwohl manche meinen, daß es keine eigene Arbeit sei, sondern die eines seiner Verehrer). Denn das Wahre Christentum, sodann seine Opuscula [kleine Schriften], die Lehr- und Trostbüchlein, Lehre von der Vereinigung mit Christus und Repetitio Apologetica oder Wiederholung und Verantwortung der Lehre von dem Wahren Christentum sind zusammen erst neulich aufgelegt worden. Sein Paradies-Gärtlein wird aber an allen Orten angetroffen.

VI. Bei jedem Buch ist ein gutes Register nicht nur eine schöne Zierde (daß jener seinen guten Freund, einen bekannten Theologen, dessen Bücher mit keinem oder schlechtem Register versehen waren, daran erinnerte, daß sie ihn an eine sonst schön gezierte Jungfrau mahnen, der vergessen worden ist, einen Kranz aufzusetzen), sondern auch für den Leser eine besondere Hilfe. Bei Bedarf kann er

das Gelesene wieder finden und alles zu besserem Nutzen anwenden. So sind auch der gegenwärtigen Edition drei Register angehängt, nämlich der Predigten, der Schriftstellen und dann der wichtigsten Themen. Was bisher in den Ausgaben mangelhaft war, ist in dieser gegenwärtigen ergänzt worden.
Da nun alles mit Fleiß beobachtet und keine Mühe und Kosten gespart worden sind, so zweifle ich nicht, daß der christliche Leser an der gegenwärtigen Edition ein sattsames Vergnügen haben wird und sich im Gebrauch derselben durch Gottes Gnade herrlich wird erbauen können. Dazu habe ich dann nichts mehr hinzuzufügen. Alles andere will ich dem Leser überlassen, welche Erfahrungen er mit diesem Buch und seinen Ergänzungen machen wird. Sollte aber der Leser in des teuren Mannes Werken auf Ausdrücke und Lehren stoßen, die ihm beim ersten Anblick fremd erscheinen, soll er sich im Urteil nicht übereilen, sondern dem rechten Verständnis unter herzlichem Gebet nachsinnen. Dann zweifle ich nicht, er wird es selbst herausfinden, daß alles der Heiligen Schrift und der darin enthaltenen Lehre gemäß ist und von aller falschen Lehre entfernt. Dagegen dient alles zur rechtschaffenen Erbauung der wahren Rechtgläubigkeit, die nicht nur in den Lehrsätzen beruht, der man sich rühmt, sondern auf ein mit lebendiger Erkenntnis erfülltes Christentum gerichtet ist, das auf den inneren Menschen zielt. Ich kann einem fleißigen Leser nicht genug das Wahre Christentum, sondern auch die anderen Bücher von Johann Arnd empfehlen, auch des um die wahre Gottseligkeit verdienten seligen Heinricus Varenius Rettung des Wahren Christentums (welches Buch auch wieder neu aufgelegt und bekannter werden möchte oder damit die alten Streitigkeiten nicht wieder hervorgesucht werden, von einem Sachverständigen die Erklärungen, die zu seinem Schutz und rechten Verständnis dienen, neu zusammengestellt und veröffentlicht werden möchten). Denn dann würde man sehen, wie viel Nachdrückliches und Erbauliches auch in den mißverstandenen Stellen steckt, wenn sie nur recht untersucht werden.

Gott möge auch zu dieser Ausgabe der Postille seinen Segen geben

Ich rufe zuletzt den grundgütigen Gott und Geber alles Guten inbrünstig an, er wolle auch noch ferner seinen Segen zu der vor Augen liegenden Edition geben, nachdem er viel guten Samen seines Wortes durch diesen seinen treuen Knecht, den er nunmehr lange in seine Freude eingeführt hat, hat einst ausstreuen lassen und viele Körnlein davon bis zur Stunde in gottseligen Herzen zu einer nicht geringen Frucht kräftig gesegnet hat. Viele Herzen mögen auch jetzt, die mit Andacht und Einfalt ihre Sonntagserbauung nächst der Heiligen Schrift in diesen Predigten suchen, sie reichlich darin finden und Gott wiederum dafür ihre Früchte des Dankes bringen. Ja, daß auch viele Lehrer selbst aufgefrischt werden, mit solchem Eifer und Nachdruck dem Kern des Christentums in ihren Predigten nach diesem Modell zu treiben. Ingesamt aber möge auch dieses ein Mittel sein, zur ferneren Besserung des in dieser Vorrede so herzlich beklagten elenden Zustandes unserer Kirchen beizutragen, damit alles zur Ehre des großen Gottes und zur Förderung seines Reiches um Jesu Christi willen diene. Amen.

Frankfurt am Main,
den 24. März 1675

Philipp Jacob Spener D.
Prediger und des Ministeriums Senior daselbst

V. Ordnung der Materien

[ohne Seitenzahlen]

Allgemeine Klage über den betrübten Zustand der Christenheit — unter Ungläubigen und Irrgläubigen — sonderlich in unserer wahren lutherischen Kirche

Verfolgung der Kirche — bei den heutigen Verfolgungen mehr Gefahr

Gebrechen des weltlichen Standes — Caesaro-Papia — *Mängel des geistlichen Standes* — dessen Reformation notwendig — Nichterkenntnis solcher Mängel — ob durch solche Leute etwas möge erbaut werden — wer die innerliche Gottseligkeit ernstlich treibt, kommt in Verdacht eines heimlichen Papisten, Weigelianers — Unmäßigkeit in Kontroversien — viel Fremdes und Unnützes wird in die Theologie eingeführt — Neuscholastische Theologie — Klage darüber bei Chytraeus — Selnecker — Dunckelius — Joh. Valentin Andreae — Verlangen nach deren Reformation — Gefahr und Schaden derselben

Verderbnis des Hausstandes — Mangel an Liebe — unerkannte Sünden — Trunkenheit — Vermeintliche Entschuldigung und Meinung darüber — Rechtsprozesse — wie weit erlaubt und was darinnen gefehlt wird — Handlung und Handwerker Sünden — Gemeinschaft der Güter — in den alten Kirchen — Mangel dabei bei uns — Mangel an der Art, Gott zu dienen — Vertrauen in den äußerlichen und eingebildeten Glauben — Luthers Lehre von dem Glauben — Einbildung des operis operati — über die Taufe — Wort Gottes — Beichte und Absolution

Ärgernis der Juden — der Papisten — guter Gemüter und recht gottseliger Herzen — Hindernis an der Bekehrung vieler, die in der römischen Kirche einige Strahlen der Wahrheit zu erkennen angefangen — daß unsere Kirche mit Unrecht zu Babel gezogen werde — Zustand der jüdischen Kirche nach dem Ausgang aus Babel mit dem unsrigen verglichen — ob solche Gebrechen der Kirchen nicht besser verdeckt als bekannt werde — ob die römische Kirche von solchem unserem Bekenntnis Vorteil gegen uns habe

Hoffnung einer Besserung in der Kirche — in erwartender Bekehrung der Juden — und größerem Fall des päpstlichen Roms — Besserer Zustand der Kirche aus Erfolg solcher Hoffnung — unsere Schuldigkeit dabei — besorgliche Strafe der Säumigen — ob die Vollkommenheit gesucht werde? — zu einigem Grad der Vollkommenheit zu gelangen nötig sei — wie weit solche in den Kirchen zu bringen — wie sie in der ersten christlichen Kirche gewesen — deren gründliche und wirkliche Gottseligkeit — Kirchenzucht — wieder gleiches Leben möglich? — wie der Sache zu helfen ist? — daß jeder unter uns Predigern dafür zu sorgen und nach Gelegenheit dazu zu raten gehalten.

Einfältige Vorschläge
I. Das Wort Gottes reichlicher unter uns zu bringen — Ob mit den Predigen allein alles ausgemacht — Lesung der Schrift — öffentliches Vorlesen derselben — Vorschlag einer Übung, daß über der Heiligen Schrift unter dem Direktorium des Predigers gottselige Christen sich unterreden und nach apostolischer Einsetzung 1. Korinther 14 erbauen möchten — erhoffender Nutzen — Notwendigkeit der fleißigen Handlung göttlichen Worts — Luthers Wunsch hiervon

II. Aufrichtung und fleißige Übung des geistlichen Priestertums — so im Papsttum aus der Staatsräson ganz verborgen gehalten — von Luther wiederum aus der Schrift gezeigt — Nutzen desselben

III. Den Leuten fleißig einzubilden, das Christentum bestehe nicht in Wissen, sondern der Praxi — Über das Kennzeichen der wahren Christen

IV. Wie in Religionsstreitigkeiten zu verhalten — Gebet für die Irrenden — gutes Exempel denselben geben — und nachdrückliche Darlegung ihrer Irrtümer — Übung herzlicher Liebe gegen dieselben — Disputieren ein rechtes Mittel der Beschützung der Wahrheit — aber nicht alles Disputieren ist nützlich und gut — viele Fehler der gewöhnlichen Disputationen und Disputierenden — Auch das beste Disputieren nicht das allein genugsame Mittel — nötig die wahre Liebe Gottes — und Führung der Menschen zu derselben — Was daraus zu hoffen

V. Erziehung der Prediger auf den Universitäten — der Professoren gutes Exempel nötig — den Studenten einzubinden, daß nicht weniger an gottseligem Leben als Fleiß und Studieren gelegen — warum Theologiestudenten hierzu anzuhalten? — Aufsicht der Professoren auf deren Leben — mehrere Mittel, sie dazu zu bringen — wiefern die Kontroversen mit Studenten zu treiben? — was sonst für Schaden entstehe? — Tauler, Teutsche Theologie von Luther empfohlen — Thomas à Kempis — Nutzen dergleichen Büchlein — Übungen neben der Theorie, um zur Praxis zu kommen — unvorgreifender Vorschlag eines Collegium pietatis

VI. Einrichtung der Predigten zur Auferbauung — einige vorkommende Fehler — Richtung auf den inneren oder neuen Menschen und in demselben geschehenden inneren Gottesdienst — Exempel dessen der selige Arnd — Was in dieser Edition der Postille verbessert ist — Erinnerung an die Leser der Arndschen Schriften — Varenius' Rettung des Wahren Christentums Arnds — Gebetswunsch.

Weiterführende Literatur

Hans Bruns, Philipp Jacob Spener.
Ein Reformator nach der Reformation.
„Zeugen des gegenwärtigen Gottes" Band 81/82, Gießen 1955.

Philipp Jacob Spener, Wenn du könntest glauben.
Ausschnitte aus seinen Briefen, ausgewählt von
H.-G. Feller, Stuttgart 1960.

Philipp Jacob Spener, Die Rechtfertigung.
Aus einer Bibelarbeit. Herausgegeben von H.-G. Feller, Stuttgart 1964.

Philipp Jacob Spener, Von der Wiedergeburt.
Aus seiner Berliner Bibelarbeit. Herausgegeben
von H.-G. Feller, Stuttgart 1963.

P. Grünberg, Philipp Jacob Spener.
Eine Biographie in drei Bänden, 1883—1906.

Kurt Aland, Spener-Studien, 1943.
Kurt Aland, Speners Lebensweg von Frankfurt nach Berlin, 1666—1705.
In „Kirchengeschichtliche Entwürfe", 1960.

Martin Schmidt, Luther und Spener.
Luther-Jahrbuch, 1957.

Peter Schicketanz, Carl Hildebrand von Cansteins Beziehungen zu Philipp Jacob Spener, Witten 1967.

Martin Schmidt, Wiedergeburt und neuer Mensch.
Gesammelte Studien zur Geschichte des Pietismus, Witten 1969.

Martin Kruse, Speners Kritik am landesherrlichen Kirchenregiment und seine Vorgeschichte, Witten 1971.

Helmut Obst, Der Berliner Beichtstuhlstreit.
Die Kritik des Pietismus an der Beichtpraxis der lutherischen Orthodoxie, Witten 1972.

Johannes Wallmann, Philipp Jacob Spener und die Anfänge des Pietismus (mit ausführlicher Literaturangabe bis 1970), Tübingen 1970.

VI. Aktuelle Themen

die in Bibelstudienkreisen, Mitarbeiterkonferenzen, Seminaren u. ä. anhand der Thesen Philipp Jacob Speners besprochen werden können.

1. Umgang mit der Schrift

a) **Persönliches Bibelstudium,**
seine Ordnung und Bedeutung für die gemeinsame Bibelarbeit.
Das Wort Gottes ist reichlicher unter uns zu bringen (S. 55).
Der Predigtgottesdienst genügt nicht mehr allein (S. 55).
Jeder soll die Schrift selbst in die Hand nehmen (S. 56).
Das Experiment des Glaubens wagen (S. 67).
These 3 allgemein (S. 61).

b) *Die Gestaltung gemeinsamer Bibelarbeit,*
ihre Notwendigkeit und Verheißung.
Gemeindeveranstaltungen, um die Bibel besser kennenzulernen (S. 56).
Wiedereinführung der alten apostolischen Art der Kirchenversammlungen (S. 56).

c) *Freimütige Aussprache,*
offen für alle Zweifelnden und die, die in Bibelnot sind.
Nichts ist notwendiger als miteinander Gottes Wort in Rede und Gegenrede zu studieren (S. 58).
Wir wollen Menschen zurechthelfen auf jede Weise (S. 66).
Luthers Wunsch (S. 58).
Wahre Christen sollen brüderlich den Weg des Herrn zeigen (S. 67).

d) *Die Ausrichtung der Bibelarbeit*
und Verkündigung auf das Missionarisch-Seelsorgerliche.
Nicht müde werden, auch den Katechismus zu treiben (S. 77).

Die Predigten sollen den Glauben stärken, der lebendig und tätig ist (S. 78).
These 1 und 6 allgemein (S. 55 und 77).

2. Die Kirche als Laienbewegung

a) Das geistliche Priestertum aller Gläubigen nach der Schrift und bei Spener.
Von der Kirche in den ersten Jahrhunderten (S. 51).
Von ihrer sittlichen Größe (S. 51).
Von ihrer Kirchenzucht (S. 52).
Ihre leuchtende Liebe zu Gott und untereinander (S. 53).

b) Ein verhängnisvolles Erbübel
Das Papsttum hat die Laien entmündigt (S. 59).
Die Laien sind träge geworden (S. 60).
Nach Luthers Tod ist weithin vergessen worden der priesterliche Dienst der Laien und ihr fleißiges Bibelstudium (S. 61).

c) Brüderlicher Liebesdienst und Fürbitte
Eine andere Verteilung der Güter ist notwendig (S. 35).
Die Reichen und die Armen unter den ersten Christen (S. 36).
Im Alten Testament gaben sie den Zehnten (S. 36).
In allem Gottes Ehre und seines Nächsten Bestes suchen (S. 35).
Das Gebet für die Irrenden (S. 63).
Vgl. auch die Einführung (Seite 12).

3. Gelebter Glaube

a) Unter einer Führung
Der Heilige Geist ist der wahre und einzige Lehrmeister, der nicht in Herzen wohnt, die von der Sünde nicht lassen wollen (S. 69).
Gewißheit ist notwendig, nicht falsche Sicherheit (S. 38).

b) Tatchristentum
Der Glaube ist nach Luther ein lebendig, geschäftig und tätig Ding, und es ist unmöglich, daß er nicht ohne Unterlaß sollte Gutes wirken (S. 38).
Das Christentum besteht nicht im Wissen, sondern in der Tat (S. 61).

c) Die Wiedergeburt und der neue Mensch
Die christliche Vollkommenheit und was darunter zu verstehen ist (S. 49).

Von der Einbildung der Vollkommenheit weit entfernt (S. 50).
Einzig und allein durch den Glauben werden wir selig (S. 37).
Der innerliche Mensch (S. 79).

d) *Wert und Grenze christlicher Erziehungsschriften*
Luther empfiehlt die Predigten Taulers (S. 73).
Johann Arnds Postille (S. 79).
Vgl. auch die Einführungen (S. 13).

4. Die Gestalt der Kirche in der Zukunft und der Weg der getrennten Brüder zueinander

a) *Was beklagen wir auch heute?*
Es ist mit der evangelischen Kirche wie mit den Juden nach der Rückkehr aus Babylon (S. 44).
Wir verharren aber nicht in unnützen Klagen (S. 45).
Der Feind hat Luchsaugen (S. 45).
Die Judenfrage (S. 41).
Das schwerste Hindernis einer Judenbekehrung sind die Christen (S. 41).
Ist das die Frucht der lutherischen Reformation? (S. 42).

b) *Die Zukunft*
Was hat Gott uns für die Zukunft der Kirche verheißen? (S. 46).
Der zu erwartende tiefere Fall des päpstlichen Roms (S. 47).
Die einmal aus Juden und Heiden gesammelte Kirche (S. 47).
Vieles wird dazu beitragen (S. 47).
Das in der Schrift Vorausgesagte wird sich erfüllen (S. 48).
Wird Christus noch Glauben finden, wenn er wiederkommen wird? (S. 49).
Vgl. auch die Einführungen (S. 11).

c) *Der Weg zu den getrennten Brüdern*
Das gute Vorbild (S. 63).
Ihre Irrtümer sollen wir ihnen zeigen (S. 63).
Vor allem aber herzliche Liebe erweisen (S. 64).
Einer der ersten Schritte auf dem Weg zur Wiedervereinigung der Kirchen (S. 64).
Wahre Christen sollen brüderlich den Weg des Herrn zeigen (S. 67).
Wie wir uns in Religionsstreitigkeiten zu verhalten haben — Das Gebet für die Irrenden (S. 63).
Vgl. These 4 allgemein (S. 63).

d) *Reform des Theologiestudiums*
Vgl. These 5 allgemein (S. 68 ff.).